대한민국 직장 내 성희롱예방백서
아차, 성희롱

대한민국 직장 내 성희롱예방백서

아차, 성희롱

정지승 지음

아름다운성교육문화연구소 대표
정지승교육컨설팅/소통CS교육원 대표

다차원 북스

| 추천의 글 |

"피해자, 가해자, 방관자 모두가 우리들의 모습입니다. 다시 한 번 돌아볼 수 있는 좋은 계기를 만들어 주신 정지승 소장님, 당신이 진정 프로입니다."
- 이춘식(이레양성평등상담교육문화원 교수, 청주청원경찰서 경위)

• • •

"사례별 분석을 통해 이런 말 이런 행동도 성희롱에 해당되는 지를 깨닫게 해준 정말 소중한 책입니다. 직장인 필독서로 강추합니다."
- 김선준(한국전기안전공사 전기안전교육원 교수부장)

• • •

"우리는 무의식적으로 사용하는 말과 행동에서 성희롱을 찾아준 정지승 소장님에게 고마워해야 한다."
- 김준영(화천출판사 대표)

• • •

"사회는 수많은 시간들 속에서 성장합니다. 성장의 한복판에서 오뚝이처럼 전국을 다니며 외치는 그녀의 목소리가 열정이자, 조직의 변화의 에너지가 아닐까 생각합니다."
- 김성규(한국자산거래소 대표)

"알고 있다는 것과 행동하는 것은 다르다. 알고 있는 것을 행동으로 옮기는 것이 가장 중요하다. 정지승 소장의 열정이 녹아 있는 이 소중한 내용들을 실천함으로써 우리 사회가 더욱 밝아지기를 희망한다."
- 박경순(동해지방해양경찰청 기획운영과장 총경)

・・・

"인생 최고의 선택으로 최고의 강사로 우뚝 서신 정지승 소장님과의 만남은 최고의 행운입니다. 늘 열정을 다하시는 소장님을 힘차게 응원합니다."
- 홍여찬(공립 청주 서원유치원 원장)

・・・

"어떤 문제든 발생하기 전 예방하는 것이 가장 중요한데, 이번 출간된 대한민국 직장 내 성희롱예방백서《아차, 성희롱》은 우리 조직 내의 잘못된 인식을 바로잡고, 타인에 대한 배려와 존중이 함께 있는 평등한 조직문화 형성에 나침반이 되어 주리라 확신합니다. 또한 성공을 향해 달리기보다는 열정을 향해 달려온 정 소장님의 세 번째 책 출간을 진심으로 축하드립니다."
- 이혜숙(삼척시 평생학습관 평생교육사)

"나 아닌 타인을 위해 한자리 내어주고, 시간을 내어주고 가끔 통크게 영양보충도 시켜주신 당신으로 하여금 세상에 좋은 사람 많다고 느낍니다."
- 김나현(생명존중교육협의회 전문수석)

...

"생각과 말은 누구나 할 수 있습니다. 인생의 변화는 행동하느냐, 하지 않느냐의 차이죠. 정지승 소장의 행동하게 하는 강의는 많은 사람의 인생을 변화시키기에 충분합니다. 알고 있는 것을 넘어서 행동케 하는 것! 그녀의 강의가 계속되어야 하는 이유이기도 합니다."
- 김선영(경북 구미보건교사)

...

"다름과 차이를 인정해야 건강한 직장문화를 만들 수 있다고 열강을 하시던 소장님이 생각납니다. 서로 각기 다른 모습을 인정하는 것이야말로 일방통행이 아닌 쌍방향 교류로 불통이 아닌 소통이 시작되는 지름길이 아닌가 싶습니다."
- 백성미(포항시 사립유치원 연합회 회장)

...

"친구의 세 번째 출간을 진심으로 축하합니다. 이 시대 이 문화를 사는 우리에게 꼭 필요한 책이 아닌가 싶습니다. 모두가 존중하고 배려하는 문화를 이룰 수 있는 행복한 사회가 되길 기원합니다."
- 주순희(더불어민주당 부산시 동래구의원)

"'나' 자신이 얼마나 소중한 사람인지 다시 한 번 깨달았습니다. 2차 피해자도 가해자도 방관자도 되지 않도록 지금 이 순간 저부터 시작해야겠습니다."

- 정유라(소통CS교육원 부대표)

· · ·

"강단에 서면 작은 거인이 되어 열정 에너지를 맘껏 뿜어내시는 멋진 정 소장님! 또 한 번의 쏘아 올린 작은 공이 이 나라 이 사회 구성원들에게 꼭 필요한 직장인의 필독서가 되시길 기원합니다."

- 전민자(열린여가문화연구소 대표)

· · ·

"젠더에 기반한 폭력일 수밖에 없는 성희롱! 용기 있는 자들이 세상을 바꾸듯, 정지승 소장님의 열정과 당당함이 성차별적 구조를 깨는 동력이 되리라 확신합니다. 폭력 없는 세상! 정의가 강물같이 흐르는 세상을 만날 때까지 정 소장님의 모든 행보에 함께합니다. 세 번째 책 출판을 진심으로 축하드립니다!"

- 김은혜(논산YWCA 아름타운 쉼터 소장)

나라는 사람은 참으로 소중한 존재입니다.
그런 나를 먼저 아끼고 사랑해주세요.
나를 사랑한 사람은
타인도 사랑할 줄 아는 마음이 깊게 단련됩니다.

사랑하는 나와
존중받는 너.
그것이 가슴 따뜻한 한마디 우리가 됩니다.

이 시대 이 문화 속에서 깨어 있는 행동으로
아닙니다,
하지 마세요,
그건 잘못입니다,
라고 사이다 같은 목소리를 내시는
성희롱 예방 개선을 위해 노력하는
우리 모두에게 이 책을 바칩니다.

CONTENTS

들어가는 말 · 016
강연 후 도착한 메일 한 통의 움직임 · 022

1부
성희롱! 그래 그거 나쁜 짓이야

변화해 가는 성문화를 못 따라가는 우리 회사

1) 다름과 '차이'를 아세요? · · · · · · · · · · · 041
   (1) 성희롱의 발생 · 043
   (2) 성희롱의 유형 · 044

2) 생각이 있는 행동인가요? · · · · · · · · · · 082
   (1) 성희롱의 가해자세요? · 082
   (2) 성희롱의 피해자세요? · 085

3) 내 생각과 다른 너의 행동을 먼저 보세요 · · · · 088

4) '함께'라고 말은 하지요 · · · · · · · · · · · 093

5) 저한테 함부로 말하지 마세요 · · · · · · · · · 096

11

CONTENTS

같은 을끼리 이러지 말아요 **제발**

1) 농담이었어요. 아, 사소한 일 아닌가요? · · · · · · 106

2) 자신을 스스로 지키세요 · · · · · · · · · · 114

3) 선배님, 선배님 우리 선배님 · · · · · · · · · 131

4) 어른이 되어야아는 인성과 인격의 차이 · · · · 135
   (1) 먼저 여성분들께 묻습니다 · 138
   (2) 이번에는 남성분들께 묻습니다 · 139

5) 목적과 방향은 한마음인데 왜 존중과 배려는 안 되나요 · 140

C O N T E N T S

몰라서 저지르는 직장 내 **성희롱**이라고요?

1) 내 딸 같아서~ · · · · · · · · · · · · 152

2) 사랑이란 씨앗은 모두가 똑같이 받았습니다 · · · · 158

3) 이중성의 법칙을 강조하는 당신에게 · · · · · 162

4) 나는 상사입니다. 여러분의 상사라구요! · · · · 165

5) 빙산의 일각으로 표현하고 싶군요 · · · · · 170

C O N T E N T S

나를 사랑해 보세요

1) 열등감에서 나오셔야 합니다 · · · · · · · · 180
   (1) 인간관계가 원만한데 트집을 잘 잡는 유형 · 181
   (2) 불안한 인간관계를 가진 유형 · 182
   (3) 인간관계가 좁은 유형 · 183

2) 자신감이 넘치시는 우리 부장님 · · · · · · · 184

3) 나를 사랑해 보세요. 동료에게 전달됩니다 · · · · 188

4) 좋은 이미지를 만드는 건 바로 나죠 · · · · · · 190

5) 존경받고 싶다는 말은 이제 그만하시고 · · · · · 192

CONTENTS

2부
성희롱 예방! 폭력에서 벗어나세요 제발!

1) 양성평등이란 · · · · · · · · · · · · · · · 201

2) 함께 만드는 회사의 평등성 · · · · · · 203

3) 성(性) · · · · · · · · · · · · · · · · · · · 207

나가는 말 · 214

| 들어가는 말 |

건강한 직장생활에서의
내 자신을 지키는 법

강의가 끝나고 큰 강당의 모든 사람들이 빠져나가고 나면 저쪽 한구석에 앉아 있다가 조용히 저를 향해 걸어오는 사람들이 있습니다.

"강사님, 강의를 너무 잘 들었습니다. 그런데……."
그러면서 말꼬리를 흐리던 그분은 직장생활에서 성희롱에 관한 고충을 털어놓습니다.

"제가 성희롱 피해자인지, 가해자인지 모르고 지나왔던 순간들을 생각할 때 너무 아파서 앞으로 저는 어떤 말과 행동을 해야 할까요?"

그런 고민을 호소하시는 분들이 많아졌습니다. 그런 질문과 고민을 털어놓는 분들은 불과 몇 년 전만해도 여성분들이 대다수였습니다.

"그런데, 선생님 저는 앞으로 이 조직에서 어떤 사람으로 자리 잡아야 할까요?"
"이제껏 친한 사람이라 동성끼리 흔한 농담을 했는데 헷갈립니다."
"선생님 말씀처럼 동성 간에도 상대가 불쾌해지고 불편해지면 성희롱으로 인정되어진다는 사실이 아직 우리 사회에서는 익숙하지 않아요."

요즈음은 그렇게 얘기하시는 남성 관리자분들도 많아졌습니다.

직장이란 무엇인가요?
조직에서의 궁극적인 목적과 목표를 너무도 잘 알고 있는 우리들은, 조직의 문화와 트렌드를 앞세워 우리들의 자리를 지키려고 예전부터 무심코 해오던 말과 행동들로 인해 서로에게 아프게 했다는 핑계를 대기도 합니다.

그런 모든 분들이 하는 말들을 들어보면 결국엔 이렇습

니다.

"나는 아닌데……."
"나는 그런 뜻이 아니고……."
"당신을 위해서요~!"

그러저러한 작은 배려에서부터 시작되었다고 말합니다.
여기서 우리는 중요한 사실을 알게 됩니다. 당신을 위한 마음과 말, 그리고 언어적, 시각적 형태들이 당신의 생각이지 받아들이는 상대방의 마음과 생각, 행동이 아니라는 것입니다.

"직장 내 성희롱 예방교육을 듣고 있는 20년째 20회차입니다. 늘 들었던 그 교육을 왜 이 중요한 마감 시점에 들어야 하나요? 우리 회사 실적이 있어야 조직이 움직입니다. 저희 회사는 아무 일 없는데, 왜 굳이 강사님을 불렀는지 몰라요."

조직의 중간관리자분들이 그렇게 말하는 형태도 종종 보게 됩니다.

사람은 다 좋은 의도로 타인에게 존중해주고 배려해주며 일을 시작하게 됩니다. 시간이 지나고 익숙해지는 관계가 되다보니 편안함과 친밀감 속에서 우리는 함부로 말하고, 쉽게 대하는 모습들로 인해서 점점 신뢰를 잃어가기 시작합니다.

업무와 관련이 있는 것들로 의견을 나누어야 하는데, 회식과 워크숍, 그리고 사적인 자리에서의 만남으로 우리는 또 하나의 갈등과 상대방의 인격을 무시하는 발언으로 피해자와 가해자가 발생하게 됩니다.

이 책《아차, 성희롱》을 쓰면서 저자는 대한민국에는 많은 지침서가 있지만 18년차 성희롱예방전문가로서의 입장에서 오래전부터 꼭 말해주고 싶은 몇 가지가 알리고 싶어서 이렇게 책까지 내게 되었습니다.

이 책을 접하게 된 모든 분들은 다음에 소개한 〈건강한 직장생활에서의 내 자신을 지키는 5가지 습관〉을 생활화 하시는 계기가 되시길 바랍니다.

건강한 직장생활에서의 내 자신을 지키는 5가지 습관

하나, 직원과 하나 되는 소통의 조직은 좋지만,
개인 간에는 적당한 간격을 유지하여야 합니다.

둘, 친절하고 좋은 이미지로 서로에게 도움이 되면 좋지만,
오해 받을 일을 절대로 하지 말아야 합니다.

셋, 상대방을 존중하고 배려하는 건 좋지만,
상대방의 분위기에 스스로가 망각해 가며 함께 어울리지 말아야 합니다.

넷, 존칭어로 존대하는 문화는 늘 건강한 문화입니다.
항상 경어로 대응하셔야 합니다.

다섯, 조직의 특성상 수직적인 관계형성이지만,
자존감 향상을 연습하시면서 부드럽게 위협하여 거절하여야 합니다.

사람들의 마음은 본디가 착하기 그지없고
사람들 속에 사람은 행동으로 자신을 감추려 드니
사람들과의 관계가 어긋나기 시작하는 법입니다.

사람들과의 좋은 마음 사람들과의 좋은 관계는
당신과 나, 그리고 우리들의 평생의 조직에서의 과제입니다.
그 과제는 평생 풀어가는 과정입니다.
건강하고 즐거운 문화, 행복한 조직 문화를 함께 만드는 아름다운 우리 회사가 되었으면 합니다.

장흥군 안양면 바닷가 친정집에서
2018. 05. 10. 정지승

강연 후 도착한
메일 한 통의
움직임

메일 1

**방관자의 자리에 서서 이것도 저것도 아닌 우리를
다시 한번 생각하게 해준 기회**

안녕하세요, 정 소장님.
어제 소장님의 강의를 들었던 ㅇㅇ회사의 ㅇ대리입니다
혹시 기억이 나실런지요?
맨 뒷줄에서 고개를 숙이고 있었던 ㅇ대리입니다

적은 인원이라고 하지만 의무교육을 매년 받아야 하는 대표님의 짜증스러운 지시를 받고 강의를 전 직원이 들어야 한다는 의무감으로 회의실로 갔습니다.

화사한 옷차림에 밝은 미소를 하신 정 소장님을 보고 난 뒤 살짝 기대도 되고, 오늘 잘 들어서 용기를 내보자 생각도 해보았습니다.

성희롱 대처법, 예방법, 그리고 대표님이 말씀하신 소통의 길로 화합하고 하나 되는 조직원이 되세요, 라는 말들을 되새기며 유익한 강의구나 싶었습니다.

하지만 강의가 점점 더 우리들의 진실 앞에 벌거숭이가 되는 시점, 나는 우리는 여러분은 어떤 조직이며 어떤 문화에서 근무하시나요, 라는 질문에 숨죽이며 아무 말 못하는 우리 직원들을 보면서 다 똑같은 마음이구나, 싶었습니다.

그때 소장님이 그러셨죠.

이 회사 분위기를 보니 아직은인가 봅니다. 농담처럼 하신 말씀을 우리를 더 고개 숙이게 만드셨어요. 커피도 내 손으로, 회식 자리에서 술잔도 내 손으로 내 잔에 기우립시다. 칭찬과 격려는 스킨십이 아닌 메모나 목소리로만 정성껏 존중해하며 합시다.

따라 읽으라고 하실 때 모두가 무슨 생각을 했을까?

저처럼 같은 생각을 했을까?

어쩔 수 없는 조직 문화의 수직관계를 한두 시간 강의를 듣고 해결할 수 없다, 라고 단정 지을까?

참 많은 고민을 하다가 고개를 들 수 없어 마지막까지 회사 이름을 적어놓고 낙서를 했습니다.

정 소장님 비록 아직도 우리 문화가, 우리 회사가 변화

속에 들어서지 못했지만 강연이 끝난 뒤 우리가 하는 모든 행동이 성희롱이요, 타인을 존중하는 게 아니고 무시하는 것이었어, 라고 소곤거리기 시작하는 작은 움직임에 저는 감사합니다.

앞으로 정 소장님 같은 분들이 더 많은 곳에서 강의를 하신 뒤 조직의 문화가 조금씩이라도 저희처럼 움직임이 있길 기원 드리며 저희 회사는 노력해 보겠습니다.

물론 작은 제 직책과 작은 존재감이지만 피해자를 보면 힘내라고 힘을 주고 가해자를 보면 하지 마세요, 라고 용기 내어 말을 해 보겠습니다. 방관자의 자리에 서서 이것도 저것도 아닌 우리를 다시 한 번 생각하게 해 주신 아름다운성교육문화연구소 정 소장님 진심으로 감사드립니다.

또 뵐 날을 기원합니다

2014년 4월의 어느 날
지방에서

메일 2

척척척을 하다 보니
피해자가 생기는 것도 척했죠

어제는 정말 시원한 강연이었습니다.
공공기관에서 이렇게 직접적으로 강의를 하시는 소장님을 보고 난 뒤 조금은 충격이었습니다.
동성 간의 성희롱을 조심하세요. 당신과 내가 하는 말들이 서로에게 평생의 상처가 되어 평생의 그림자가 됩니다. 편안할 때 조심하세요. 편안하다는 건 함부로 한다는 신호입니다.
정말 귀에 속속 들어왔습니다. 담당자님이 너무 잘 섭외했다며 직원들의 칭찬이 자자합니다.
저는 정 소장님의 강의를 듣고 네이버 검색을 해 보았습니다. 유명하시고 대단한 분이 우리 기관에서 적은 강사료로 큰 변화의 바람을 일으켜 주셨구나 싶어서 이렇게 메일을 보냅니다.

　소장님이 말씀하신 피해자도 가해자도 방관자도 조직이란 문화에서는 영원히 자유롭지 못할 것입니다, 라는 말 공감합니다. 조직에서의 문화는 어쩜 우리가 만들어 우리들이 즐기는 것이것만, 우리는 그 문화를 쉽고 편안한 조직으로 만들어가고 있었어요. 직급자, 관리자가 편하면 되는대로 모른 척 아닌 척 척척척을 하다 보니 피해자가 생기는 것도 척했죠. 앞으로 소장님 말씀대로 우리 기관에서 일어나는 모든 일들은 나부터 시작한다는 마음으로 서로에게 다름과 차이를 인정하는 문화로 만들어 보려고 노력하겠습니다.

　먼 곳까지 와 주셔서 진심으로 감사한 마음과 멋진 강사님에게 메일을 보낸다는 영광까지 진심으로 행복합니다. 항상 멋진 강연으로 전국 방방곡곡 모든 곳들에 희망과 꿈이 되시는 멋쟁이 소장님이 되세요.

2017. 5월

싱그러움이 가득한 아카시아 꽃이 날리는 날
부산에서

메일 3

자신감을 갖고 서로에게 소통과 존중을 말하며
자존감을 우리부터 올려야

안녕하세요 대표님!
학교 기관은 원래 까다롭습니다.
서류도 많고 바라는 것도 많죠.
이런 부탁 저런 부탁 다 들어주시는 대표님께 다시 한 번 감사드립니다. 선생님들이 업무에 시달리다 보니 이런 직무교육이 너무 짜증스럽고 아는 걸 또 한다는 표정으로 자리에 앉아 있게 됩니다. 저부터도 담당자지만 매년 하는 강의라 지루하고 재미도 없습니다.
그런데 대표님은 다르더군요. 보여 지는 게 전부가 아닌 근본 원인을 생각해 보신 분 계세요, 라는 질문에 선생님들이 얼음이 되고, 내가 하는 행동이 타인을 위한 배려라고 생각하세요, 라는 질문에 선생님들이 화들짝 아니라고는 말 못합니다, 라는 표정을 보시며 대표님이 그러셨죠. 다들 우리는 무의식 속에 그렇게 생각하고 행동하고 있습니다. 무의식은 전의식(前意識)을 타고 의식이 됩니다. 결국 의식은 행동과 말로 나오게 되어 있구요.

선생님은 아이들의 멘토이자 배움터의 길잡이이십니다. 인성을 논하기 전에 나를 돌아보심이 어떨까요? 내 반 아이들을 보시기 전에 내 아이를 보는 건 어떨까요? 과감하게 강연을 하시는 대표님은 침묵으로 잠들어 있던 우리 학교의 문화를 바꾸려는 시도의 문 앞에서 대문을 활짝 열어 주셨습니다. 대문 앞에서 서성이던 우리는 자신감을 갖고 서로에게 소통과 존중을 말하며 자존감을 우리부터 올려야 합니다, 라고 회의에서 말씀하시게 되었습니다.

대표님

저희 학교도 멋지게 강의해 주셔서 감사한 마음으로 주위 학교에도 소개했습니다. 많은 곳에서 대표님의 말씀 한마디 한마디가 모든 조직에 힘이 되는 그날까지 파이팅하십시오. 진심으로 감사합니다. 내년에도 뵐께요.

2015.10 가을 평택에서

메일 4

배려하는 자세를 교육해야
내 아이가 타인을 함부로 대하지 않는다

학부모 대상으로 성희롱, 성추행 없는 사회라는 강연을 학부모 대상으로 하게 되었습니다.
학부모님은 이런 글을 보내주셨습니다.

내 아이가 크게 자라고 내 가족이 행복하려면 먼저 서로를 존중하고 배려하는 다름과 차이를 인정하는 모습이 중요하겠습니다.
강사님의 강연 후 남편과 많은 대화를 하고 아이들에게 성과 관련된 대화를 시도해 보았습니다. 조금은 어렵겠지만 외국처럼 지금부터 가정에서 존중하는 마음, 배려하는 자세를 교육해야 내 아이가 타인을 함부로 대하지 않는다는 강사님의 말씀처럼 우리 가족은 노력하고 있습니다.

학교에서 공문이 왔을 때 아이가 반장이라 의무로 참석하게 되었습니다. 그런데 오길 잘했구나, 멋진 강사님에게 좋은 강연 듣고 가는 구나, 싶어서 이렇게 네이버에 검색해서 메일을 보냅니다.

남편에게도 회사에서의 성희롱 예방교육을 해보았습니다. 남편은 웃으면서 맞는 말만 하는 당신이 교육을 잘 받았다고 칭찬합니다.

아이들에게는 친구들 간에 조심해야 하는 행동들을 교육했습니다. 아이가 그러더군요. 엄마 어떻게 우리가 하는 놀이를 알아요?

그 순간 정말 다시 한 번 감사함을 느꼈습니다.

항상 멋쟁이 강사님으로 멋지게 승리하세요.

2017. 4
서산에서

메일 5

좀 더 편안하고
좀 더 웃을 수 있는 회사를 만들자는 의견들이

안녕하세요 소장님.
저희 회사에서 3차까지 강연을 잘 마무리 해 주셔서 진심으로 감사드립니다.
아름다운성교육문화연구소답게 남들과 다른 강연을 해 주셨습니다. 처음 오시는 강사님들은 매년 받는 직무강의를 그냥 직무강의처럼 하고 가십니다.
그런데 소장님은 소통을 먼저 꺼내시더군요. 그리곤 다름과 차이를 인정하라고 하셨죠. 그리고 돌아본 우리 회사의 우리들의 모습, 그 모습이 불편하면 우리는 성희롱 밭에서 생활하고 있는 겁니다, 그 모습이 편안하고 웃음이 나오면 우리는 잘 실천하는 멋진 조직원들입니다, 라고 하셨죠. 맞아요. 우리는 아직은 조금 불편하고 조금 웃고 있습니다. 한눈에 알아맞히는 조직의 문화와 흐름은 경륜에서 나오신 거겠죠.

소장님의 말씀 한마디 한마디가 우리 회사 모든 구성원들에게 귀감이 되어 좀 더 편안하고 좀 더 웃을 수 있는 회사를 만들자는 의견들이 나왔습니다. 보통 불편한 사람이 있으면 자리를 피하거나 없던 일로 하는데, 저희는 아직은 편안한 분들만 있나봅니다. 그 역시도 확인시켜 주셔서 감사합니다.

가정에서의 우리들의 모습이 회사에서 직책이 오를수록 나온다는 그 말, 너무 와 닿았습니다. 직책이 오를수록 습관이 아무렇지 않게 표출되는 상관의 모습을 볼 때마다 집에서도 저럴 것이라는 생각을 종종할 때가 있었거든요. 회식문화도 바뀌어야 하는데, 누가 먼저 바꾸려 들지 않으시죠? 직급과 직책이 높으신 오빠야, 언니들이 먼저 바꿔보세요. 그럼 반응이 옵니다. 그 반응을 타고 움직여 보십시오. 좋은 결과 좋은 문화 만드시는 일등 공신이 되실 겁니다.

그 덕분에 모두 일등 공신의 자리에 오르려고 합니다. 감사함을 꼭 전해야겠기에 이렇게 소식 전합니다. 항상 건강하시고 행복하신 멋진 강사님되세요. 저희는 오늘도 웃는 문화 만들어 볼게요.

                                            2016.10

                                  어느 날 가을을 느끼며

1부

성희롱!
그래 그거 나쁜 짓이야

성(性) : 남과 여를 구별하는 말

성희롱의 정의 : 업무, 고용, 기타 관계에서 공공기관의 종사자, 사용자 또는 근로자가 그 직위를 이용하거나 업무 등과 관련하여 성적 언동 등으로 성적 굴욕감 또는 혐오감을 느끼게 하거나 성적 언동 기타 요구 등에 대한 불응을 이유로 고용상의 불이익을 주는 것

다름 : '다르다'의 사전적 의미는 '같지 않다'로 표현되어 있습니다. 그렇다면 무엇이 같지 않다는 말일까요? 비교되는 대상이 서로 같지 않다는 말입니다.

차이 : 서로 같지 아니하고 다름. 또한 그런 정도나 상태. 대표적인 쓰임새로는 가격 차이, 입장 차이, 생각 차이 등으로 나뉘어져 표현될 수 있습니다.

1장

변화해 가는 성문화를 못 따라가는 우리 회사

우리는 시시각각 무섭게 돌진하고 변화하는 시대에 살고 있습니다.

매일매일 변화하지 않고 마치 오래된 관습처럼 살아간다면 찾아오는 건 도태뿐이겠지요. 여러분은 가정에서 가족들과, 혹은 학교에서 친구들과, 혹은 사회에서 동료들과, 어떤 이야기를 하고 성(性)문화에 대해 어떤 이야기들을 하고 있는지요? 이제는 숨기고 감추는 성문화 시대는 지나갔습니다.

그렇다고 방종으로 흘러가는 성문화를 두고 보자는 것은 더욱 아닙니다. 건전한 성문화를 정착시키기 위해 사회 곳곳에서 노력해야 부끄러움과 두려움 없는 성문화를 우리 후손들이 가꾸게 될 것입니다.

1) '다름'과 '차이'를 아세요?

상대방을 이해하는 것이 무조건 그쪽 의견에 동의하거나 당신이 틀리고 그 사람이 옳다고 말하는 게 아니다. 그 사람의 말과 행동을 인격적으로 존중해주라는 뜻이다.
상대방의 입장, 그 사람이 옳다고 믿고 있는 그 사실을 충분히 그럴 수 있다고 귀 기울이고 받아들이라는 것이다.

- **조나단 로빈스**(미국 최고의 부부 커뮤니케이션 전문가)

다름 : '다르다'의 사전적 의미는 '같지 않다'로 표현되어 있습니다. 그렇다면 무엇이 같지 않다는 말일까요? 비교되는 대상이 서로 같지 않다는 말입니다.

차이 : 서로 같지 아니하고 다름. 또한 그런 정도나 상태. 대표적인 쓰임새로는 가격 차이, 입장 차이, 생각 차이 등으로 나뉘어져 표현될 수 있습니다.

어머니의 같은 뱃속에서 태어난 형제들도 개성이 제각각이지요.

하물며 우리가 만나는 학교에서의 친구들이나 직장 생활에서의 친구들은 얼마나 다르겠습니까! 최근에 전 세계적으로 '미투(Me too)'열풍이 불고 있음에 발 맞춰 우리나라에도 그 바람을 타고 하루가 멀다 하고 갖가지 성과 관련된 폭로가 이어지고 있습니다. 우리는 여기서 중점적으로 사회생활에 나타난 미투를 살펴보고자 합니다.

(1) 성희롱의 발생

① 자연 생물학적 원인

성희롱은 남녀 사이에 일어나는 '자연스런 현상'이라고 옛날부터 인식되어 온 것이 큰 잘못이라고 하겠습니다. '성희롱'과 '이성에 대한 관심'은 엄연히 다른 것입니다.

② 조직 문화의 원인

그렇지 않은 경우도 있으나 성희롱의 대부분이 하나의 조직의 형태에서 일어나는 경우가 많습니다. 조직은 상하관계가 뚜렷하기 때문입니다.

③ 사회문화적 원인

대부분의 사회적인 규범을 남성들이 정하기 때문에 자칫 성희롱을 가부장제의 자연스러운 관습이라고 생각하는 그릇된 자세가 있습니다.

④ 남녀 평등문제

직장 내에서 남성들은 흔히 여직원을 동료로서가 아닌 여성으로서만 바라보는 경우도 문제입니다.

(2) 성희롱의 유형

① 육체적 성희롱

육체적 성희롱 사례 1

잘나가는 회사의 전도유망한 간부(부회장)인 C씨는 여직원들에게 친절하기로 소문이 자자한 사람이었습니다.

C부회장은 B씨에게 딸 같고 가족 같다며 불쑥불쑥 B씨의 손을 잡기도 했답니다.

그러던 어느 날, C부회장은 여직원 B씨를 포함한 같은 부서의 사람들과 회식 모임을 갖게 되었습니다. 식사를 마친 뒤 다함께 나이트클럽에 가게 되었는데, 그곳에서 불미스러운 일이 생겨났습니다. 나이트클럽에서 한참 즐겁게 놀다가 옆자리의 어떤 사람들과 시비가 붙게 되었답니다. 그러다 나이트클럽 직원들이 달려와 수습하는 과정에서 서로 밀치고 말리고 그런 과정 중에 C부회장이 B씨 가슴을 치게 되었다고 합니다.

여기에서 피신청인(C부회장)은 본 사례와 관련하여 실수로 신청인(B씨)의 한쪽 가슴을 쳤을 뿐이라 주장했습니다.

하지만, B씨는 나이트클럽에서 C부회장으로부터 가슴을 치게 된 사건 발생 직후 곧바로 울음을 터뜨리는 등 사회통념상 받아들일 수 있는 수준의 신체적 접촉을 넘어섰다고 판단되므로 성희롱으로 결정하고 손해배상금을 지급토록 결정된 사건입니다.

함께 생각해보기

사람은 억울하거나 슬프면 눈물이 나옵니다. 그것이 아픔의 증거라는 듯이 말이다.
B씨는 한 회사의 소속된 직원입니다. 누군가에겐 사소한 일이 다른 누군가에겐 커다란 일로 작용될 때가 있습니다. 사소함은 어쩌면 그저 사소한 것이 아니라, 대단함의 다른 말일지도 모르겠습니다. 사소한 것으로 인해 우리는 얼마나 큰 결단을 내린 적이 많았

습니까. 사람이 가장 치욕스러울 때는 아마도 자기의 존재가 조롱되거나 하찮게 여겨질 때가 아닌가 생각됩니다.

성희롱과 연관된 키워드는 바로 조롱에 있습니다. 조롱은 얼마나 무서웠던가요. 사람은 인정받기 위해 살아가는 생명체입니다. 더군다나 성에 관련된 희롱은 쉽게 자신이 어떻게 쉽게 바로바로 나설 수 없는 방면이었습니다.

맞습니다.

두려움이 먼저 앞을 가립니다. 두려움에는 여러 가지가 깃들어 있었습니다. 내가 설 자리, 사람들이 나를 바라볼 시선들, 사건을 법에 의해 올린다 해도, 나 역시 잃을 수 있는 많은 것들이 눈앞을 가립니다. 피하지 않는 게 당연한 정의라 생각되지만, 어떠한 피해는 숨어야만 했던 피해도 있었습니다.

위의 사례는 상사에 관련된 직장 내 성희롱이었습니다. 그러나 희롱이란 건 내 주변, 곳곳 그 어디에서나 도사리고 있습니다. 왜냐하면, 사람은 사랑을 주는 존재이기도 하지만, 상처를 주는 존재이기도 하지요.

지금 이 파트에서는 육체적 성희롱에 대해 얘기하고

있습니다. 궁극적인 것은 자신의 신체를 함부로 대한 다는 데에 있습니다. 거기에 따른 모멸감은 상당합니다. 왜냐하면, 존중받지 못한 느낌을 너무나도 강력하게 받기 때문이죠.

그러나 그 아픔의 폭풍우가 온다 하더라도 우리는 우리 내면 안에 있는 폭풍우를 잠재울, 사건을 마무리할 용기와 이성이 있습니다. 그것이 우리에게 문제의 해결을 제시하죠. 약자, 당하는 자, 피해자, 아파하는 자. 그들은 쓰러지기보다는 아직 살아가야만 했습니다. 결국엔 다시 평화와 행복을 누리기 위하여 말이죠.

육체적 성희롱 사례 2

모 고등학교에서 있었던 일입니다.

체육을 가르치던 남자 선생님은 수업 도중에 여학생들에게 유난히 스킨십을 많이 했습니다. 얼마든지 말로 할 수 있었던 수업 내용도 학생들에게 쉽게 설명하고 가르친답시고 학생들의 몸을 더듬기 일쑤였습니다.

결국 이 체육 선생은 사실을 알게 된 학부모들에 의해 경찰에 고소되었습니다.

함께 생각해보기

스승은 누군가를 인도하는 사람입니다.
어디로 인도를 하는 것일까요? 우선은 미래로 인도를 합니다. 희망이 있는 미래로. 미래에는 우리가 아직 접하지 않은 꿈이 있었죠.
그렇습니다. 스승은 꿈으로 인도하는 하나의 매개체이기도 하죠. 그런 중대한 임무를 맡고 있기에, 스승은 언제 어디서나 누구에게나 평등해야만 하고 때론

엄숙해야 합니다.

그러나 스승도 제자와 같은 사람이기에, 그들도 실수를 할 때가 있습니다. 그러나 그 실수가 자신에 대하여 나온 실수가 아닌, 타인을 향한, 제자를 향한 실수일 때, 그때 비로소 문제가 됩니다.

우리는 이성보다 감정이 더 앞서 나올 때가 여럿 있습니다. 감정이 왜 무서운 것이냐면, 이성이란 녀석을 제어하지 못하고 제멋대로 날뛸 수가 있기 때문이죠. 지나가던 여고생을 강제로 추행하는 사례도 간간이 뉴스를 통해 우리는 볼 수 있었습니다. 허탈한 헛웃음부터 나오게 됩니다.

그러나 피해자와 그 피해자의 가족들의 심정은 그저, 웃음만으로 끝나진 않을 것입니다. 강경하게 대응하며, 응징을 내리죠. 그 하나하나의 과정들을 가해자와 피해자는 함께 겪어갑니다.

정말 유감입니다.

가해자는 충동을 못 이겨 사건을 만들어놓고, 피해자는 그 사건을 갑작스레 치욕스럽게 겪어야만 하는 그 과정들이 말이죠. 잊지 못할 상처를 줬다고 칩시다. 그리하여 벌을 받는다고 칩시다. 그리하여 그 가해자에게 남는 건 하나의 징역과 왠지 모를 억울함, 또는 죄책감이 마음을 포개고 있을 것입니다.

범죄가 그저 범죄로 끝나지 않는, 재범죄로 넘어갈 확률 또한 크다고 합니다. 세상에 대한 미운 감정이 있던 건가요. 경솔함은 불행을 달고 옵니다. 격한 감정이 행동이 될 때 말이죠.

강제는 나쁜 것입니다. 아니요. 나쁨을 넘어선, 악랄하고 악독한 것입니다. 자신은 너무나도 잘 알고 있죠. 강제라는 것을요. 상대방이 원하지 않는 걸 억지로 행하는 것은, 자신의 욕구를 그저 채우기에 급급한 행동일 뿐이죠.

성공한 인생과 실패한 인생의 차이점은 욕구를 어떻게 다루느냐에 따라 있었습니다.

욕구를 잘 다루는 자는 탁월합니다. 자신의 꿈을 위해, 자신의 미래를 위해 현명하게 하나하나 이루어 나가며, 당장에 이룰 수 없는 것들은 미뤄 두기도 하지요.

그러한 반면에, 욕구를 잘 다룰 수 없는 사람이 있습니다. 언제나 갖고 싶은 건 바로바로 가져야 하며, 때론 빼앗기도 합니다.

빼앗음.

거기서 파탄은 시작되었죠. 자신의 이익을 추구하기 위해 상대방의 평화와 행복을 빼앗아서는 안 됩니다. 빼앗는다는 것은 애초에 본래, 자신의 것이 아니기 때문이죠. 자신이란 테두리 안에서 행복을 누려야 합니다. 빼앗지 말고, 격렬하게 상처주지 말고.

육체적 성희롱 사례 3

어린이들을 상대로 한 끔찍한 성범죄가 잊을 만하면 등장합니다.

얼마 전에 있었던 일입니다. 아파트 놀이터 안에서 놀고 있던 어린이들 앞에 지나가던 승용차 한 대가 멈춰섰습니다. 차에서 내린 40대의 남자는 놀고 있던 어린이들 앞에 우뚝 섰습니다. 그리고 아이들을 향해 소리쳤습니다.

"아저씨 OO(고*) 보여줄까?"

그리고 그는 다짜고짜 자신의 바지 지퍼를 내리더니 성기를 꺼내 아이들에게 보여주었습니다. 그리고 유유히 사라졌지만 결국 이 남자는 아파트 단지 내 CCTV를 통해 성추행범으로 검거되었습니다.

> **함께 생각해보기**
>
> 잠깐의 즐거움으로 인해 다시는 돌이킬 수 없는 걸, 만들지 않기로 합시다.
> 잠깐의 향락에 취해, 우리 소중한 내 삶을 놓치지 말기로 합시다. 자신이 심심하다고 하여, 자신이 불행하다고 하여, 다른 이의 평화를 깨뜨려서는 안 됩니다.

육체적 성희롱 사례 4

종교단체도 예외는 아닙니다. 꽤 규모가 큰 어느 교회 이야기입니다. 평소에 신도들로부터 존경을 받아오던 목사가 앞뒤가 다른 두 얼굴의 남자로 알려지고 일반 뉴스 보도에도 등장하는 사건이 일어났습니다.

여자 신도들에게 부적절한 언행을 했다는 게 그 요지였습니다. 기도를 하며 혹은 일반 이야기를 하다가도 여신도를 만지는 등 추악한 행동을 벌여 왔다는 것입니다. 믿어지지 않는 이 사건은 교계에도 알려져 후속 조취를 취한 것으로 알려져 있습니다.

함께 생각해보기

단체라는 것은 여러 사람이 하나의 공통된 주제로 모여 있는 집단이란 뜻입니다.

단체는 많은 사람들이 모여 있는 조직이기에, 당연히 그 안에 갈등이 생길 수밖에 없습니다. 성희롱이란 녀석은 피해자의 존재의 인정 여부를 한 번에 말살시켜버립니다.

대개 성희롱을 당했을 때, 두 가지 분류로 나뉩니다. 하나는 자신이 여태까지 쌓아온 노고를 위해, 희롱을 마음속에 묻어 두기로 한다는 것이다.

또 다른 하나는 자신이 쌓아온 커리어를 조금은 놓아 내리더라도, 그에 맞서 유죄를 가한 가해자에게 피해에 대한 보상 받음이 있습니다. 그것이 정신적으로든, 물질적으로든 꼭 보상 받으려 함이 있습니다.

상처 받은 자신의 마음을 어떻게 해서든 보듬어 주기 위하여, 자신은 자신을 지킬 줄 알아야 합니다.

육체적 성희롱 사례 5

 살다보면 별의별 일이 많다지만 어린이들을 상대로 한 범죄 행위야말로 조속히 없어져야 할 사회악의 대표적인 범죄입니다.

 어린이들이 사회를 처음으로 배우는 유치원과 어린이집에서도 종종 끔찍한 범죄가 일어납니다.

 한 어린이 집에서 있었던 일입니다.

 어린아이들이 잘못을 저질렀을 때 체벌을 한답시고 아이들의 하의를 벌거벗긴 일이 있었습니다. 팬티를 벗기는 것이 체벌이라고 그런 만행을 원장 선생이 저지른 것입니다.

 할머니뻘이 되는 이 원장 선생은 아이들에게 수치심을 느끼게 해주는 것을 체벌이라고 준 것이죠. 그녀는 어쩌면 그런 못된 짓을 하면서 해괴한 만족감을 느끼지는 않았을까 하는, 정신병적인 소견을 의심케 하는 사건이었습니다. 물론 원장은 구속되었지요.

함께 생각해보기

어린이는 어리고 보호받는 존재입니다. 보호받는다는 것은 지켜줘야 된다는 뜻이기도 하지요. 지켜주고 아껴주고 해도 모자랄 판에 사례 5의 원장은 기괴한 생각을 행동으로 옮겨서 화근이 되었습니다.

원장의 생각은 확신이 되고 확신은 행동으로 옮기었습니다. 사례 5의 원장은 자신의 확신으로 인해, 자신이 결정한 잘못된 행동으로 지위를 내던졌습니다.

육체적 성희롱 사례 6

2005년 모 회사의 A이사와 여직원이 업무차 A이사의 승용차를 타고 은행을 가게 되었습니다.

그런데 자신이 운전하던 승용차를 갓길에 잠시 세운 A이사는 느닷없이 여직원에게 얼굴을 가까이 들이밀더니 말하는 것이었습니다.

"우리 뽀뽀 한번 할까?"

"왜 스타킹 안 신었어?"

그러면서 손을 여직원의 허벅지에 갖다 대었다고 합니다.

그런 일이 있고 난 뒤, 그 여직원은 A이사만 보면 소름이 돋아 100미터 밖에서도 피한다고 합니다. 회사의 상하관계에서 생길 수 있는 전형적인 성희롱 사건의 한 예입니다.

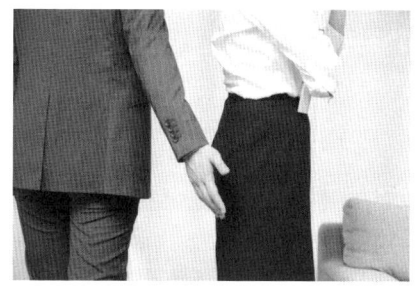

함께 생각해보기

찰나의 욕망을 따른다고 해서 잘되었다는 사람을 우리는 찾아볼 수 없었습니다.

욕망이 얼마나 위험한 거냐면, 뻔히 해선 안 되는 것에 욕망을 첨부할 때, 그때 그들에겐 미래란 존재하지 않습니다. 가해자들은 피해자에게 다가갑니다.

자신의 욕망의 끝을 해결하기 위하여, 자신의 경솔한 욕정을 해소하기 위하여, 모두의 불행이 거기서 초래됩니다.

② **언어적 성희롱**

- 음란한 농담, 음담패설 등

언어적 성희롱 사례 1

어느 고등학교의 남학생들 사이에서 큰 싸움이 벌어진 일이 있었습니다.

"니 여친 가슴 크더라. 복도에서 부딪쳤는데 내 팔꿈치에 니 여친 가슴이……."

그렇게 A남학생이 말을 마치기도 전에 Q남학생의 주먹이 A의 얼굴을 강타했습니다.

A가 Q의 여자 친구를 성희롱한 발언이라 볼 수 있습니다. 비록 훈방 조치로 끝난 일이었지만, 자칫 큰 싸움으로 번질 뻔한 아찔한 사건이었습니다.

아직 학생 신분이라 훈방으로 끝났다고 죄가 아닌 것은 아닙니다. 친구가 사귀는 사람을 조롱한 것은 치졸하고 못된 짓이지요.

이런 못된 짓은 어려서부터 고치지 않으면 성인이 되어서도 제 버릇 개 못 주니 문제를 일으킬 가능성이 많습니다.

인격이 형성되는 10대 후반에는 더욱 자신의 인성을 갈고 닦아야 할 것입니다.

함께 생각해보기

Q는 자신의 여자 친구 대신에 수치심을 느껴 응당한 처신을 하였습니다.
물론 폭력이 언제나 정당화될 순 없지만 말이죠. 그러나 간혹 주변을 바라보면 위험이나 신변의 굴욕감과 부끄러움이 생겼을 때, 그 누구도 설사 사람이 곁에 지켜보고 있다 하더라도, 피해버리는 우리의 주변 사람들이 있었습니다.
가슴 아픈 일이죠. 힘든 상황을 겪고 있는데, 그 누구

> 도 도와주지 않는 그때의 처절함은요. 때론 그들은 희롱의 상황을 눈여겨보기도 합니다. 마치, 재미난 경기를 보듯이 말이죠.

언어적 성희롱 사례 2

아르바이트로 치킨집에서 일하던 한 여대생이 겪은 이야기입니다.

여대생은 사장이 평소에도 야하다 싶은 농담을 건네서 기분 나쁘다는 생각을 종종 해왔던 터였습니다. 그러던 어느 날, 치킨집 사장이 급기야는 작정해 온 듯한 의미심장한 얼굴로 아르바이트 여대생에게로 다가왔습니다.

그러고는 듣도 보도 못한 희한한 말을 꺼냈다고 합니다. 자기랑 같이 살면 돈을 주겠다는 충격적인 제안이었다고 합니다. 이 일은 형사처벌은 하지 못한 사건이었지만, 도덕적으로 악질적인 일이었음은 누구나 인정한 사례라 하겠습니다.

함께 생각해보기

언어적 폭력의 대표적인 사례가 아닌가 싶습니다. 내던지고 봅니다, 말을. 그것이 재미있다는 걸 익히 알고 있기 때문이죠. 자신이 내던진 말로 인해, 상대방이 당황해하는 걸 보며 희열을 느끼는 사람들이 있습니다.

다시 말하지만, 그것이 재미있기 때문이죠. 상대방이 아파하는데, 왜 그들은 재미있어 했을까요? 그것은 자신이 우위에 있다는 우월감이 있었기 때문이죠.

언어적 성희롱 사례3

대학 생활에는 수많은 모임이 있습니다.

여대생 N씨는 자신이 가입한 동아리 활동을 열심히 하는 도중에 꿈에도 그리던 대학생활에 환멸을 느끼는 순간을 체험하게 되었습니다.

그것은 같은 동아리의 선배 몇 명 때문이었지요. 그들은 여학생들이 있던 없던 술자리 모임에서 야한 농담을 주고받거나 때때로 후배 남학생들에게도 장단을 맞추라는 듯, 너는 첫 경험이 몇 살 때냐, 하는 식의 저급한 질문을 불쑥불쑥 던져 왔다고 합니다.

어느 날 N씨는 동아리의 단짝 친구 L씨가 결석을 해서 혼자 모임에 참석하게 되었습니다. 그런데 그 자리에서 자신의 귀를 의심할만한 악의적이고 저질스런 말을 듣게 되었습니다.

"L은 오늘 안 온 거야?"

"네. 몸살감기가 걸려서 며칠 학교 못 왔어요."

선배의 말에 N씨가 대답해 주었습니다.

"며칠이나? 몸살감기에?"

"낙태 수술이라도 한 거 아냐? 며칠을 결석이라니."

남학생 선배 두 사람의 주고받는 말에 N씨는 자기의 귀를 의심했습니다. 그러나 그들이 낄낄거리며 지껄이는 다음 말들 때문에 N씨는 자신이 들은 말들이 정확한 것임을 알았다고 합니다.

　이후 N씨는 그날 결석했던 친구 L씨에게 자신이 들은 이야기를 전해주었고, 둘은 동아리를 관리하는 교수님에게 남자 선배들이 한 말을 전했습니다.

　그 뒤 두 명의 남학생은 교내 학칙에 근거해 일정한 벌이 주어졌습니다.

　지성의 요람이라는 대학가에서 이런 언어폭력이 있다는 것은 이해할 수 없는 일 중의 하나입니다. 이런 언어폭력이 근절될 때까지 학생들의 부단한 노력이 있어야 할 것입니다.

함께 생각해보기

친구란 함께 다니며 소통하며 때때로 고민을 나누고, 비밀을 나누기도 합니다.

그 과정에서 두 친구는 닮아가고, 그들은 서로의 일상과 상황을 잘 알고 있습니다. 또한 그 사이에 주변에 있는 서로가 아는 지인에 대한 우스갯소리도 하고 함께 험담을 하기도 합니다.

그러나 사람이란 말하는 동물이기에, 이야기가 뭉쳐있는 존재이기에, 험담도 하는 건 당연한 것이죠. 하지만 그것이 험담의 주제인 그 사람을 그저 폄하하기 위한 우스갯소리는 당연히 그들이 백번 잘못된 것입니다.

우스갯소리와 폄하는 같습니다. 상대방을 우습게 생각하면서 깎아내리기 때문이죠. 그러나 그것이 있지도 않은 일을 각색하여 마치 진실인 양, 이야기를 만드는 건 더더욱 천한 짓입니다. 왜냐하면, 한 사람을 누명 씌우는 것이기 때문입니다. 그저 즐겁기 위하여. 그저 깎아내리면서 웃기 위하여, 그것이 즐거움이라는 듯이.

언어적 성희롱 사례 4

지하철에서 일어난 이야기입니다.

직장에서 일을 마치고 퇴근길이었던 K씨는 마침 빈 좌석이 있어 자리에 앉아 휴대폰으로 인터넷 서핑을 하고 있었습니다.

잠시 뒤 한 남자가 K씨 앞에 삐딱하게 섰습니다. 남자는 나이 많은 노인은 아니었으나 환갑은 지난 것처럼 보였습니다. K씨는 잠시 자리를 양보할까, 말까 고민했으나 그곳이 일반석이었는 데다가 무엇보다 남자가 그다지 나이가 많은 노인은 아니었기에 피로한 자신의 몸을 추스르고 있었다고 합니다.

그런데 잠시 뒤, 조용한 지하철 안에 남자의 쩌렁쩌렁한 목소리가 쿵쿵 울려왔습니다.

"이봐, 아가씨!"

바로 자기 앞에 선 그 남자가 K씨를 향해 소리치고 있었습니다.

"저요?"

"그래! 아가씨, 임신했어?"

이건 또 무슨 소린가 싶어 K씨는 아예 말문을 열기가 힘들었지만 엉거주춤 대답을 했습니다.

"아니요. 왜요?"

"임산부도 아닌데 자리 양보도 안 해? 일어나!"

순간 K씨는 지하철 안의 사람들 시선이 모두 이쪽을 돌아보고 있자, 저도 모르게 일어났다고 합니다. 그녀는 자리에서 일어나 아직 내릴 정거장이 많이 남았는데도 바로 내렸다고 합니다. 그리고 낯 뜨거워진 얼굴을 한참 식힌 다음에야 다음 지하철을 탔다고 합니다.

그렇게 성희롱을 당할 수도 있다니! 참으로 어처구니없는 사건이라 하겠습니다.

함께 생각해보기

언어적 성희롱, 언어적 폭력은 도처에 쉴 새 없이 깔려 있습니다.
그것은 이성이 될 수도 있고, 동성 또한 될 수도 있죠. 왜 그들은 참을 수 없을까요. 그들은 마치, 상처주기 위하여 태어난 사람들 같았습니다.

언어적 성희롱 사례 5

최근에 텔레비전 뉴스에 자주 등장한 사건 중에 하나입니다.

일반인들이 가장 많이 사용하는 통신 수단 중 하나인 카톡에는 '단톡방'이 있습니다.

단체로 카톡으로 대화를 나누는 장소인데, 이곳을 이용해서 남학생들이 같은 과 여학생에게 성적인 모욕을 주는 이야기를 많이 한다는 소식이 전해진 바 있습니다.

L씨도 그 같은 일을 당한 여학생이었습니다. 같은 과 남학생들이 그들만의 단톡방에서 L씨의 몸매며, 입고 다니는 옷에 관해 평가도 하고, 육체파라서 가슴이 너무 크다는 등 이런 자신에 대한 이야기를 한다는 것을 알게 되었습니다. L씨는 단톡방의 일원인 한 사람이 다른 과 친구에게 얘기한 것이 교내에 퍼져서 사실을 알게 된 것이었습니다.

그 뒤 L씨는 심각한 마음의 상처를 입고 단톡방의 일원들을 고소했으며, 그들은 명예훼손으로 처벌을 받았다고 합니다.

함께 생각해보기

단체로 있을 때 사람은 더 겸손해지기도 해야 하는데, 우리는 자존감과 자부심의 존재라 자신을 자주 과시하고 싶어 합니다. 그런 일들은 최근에 단톡에서도 자주 일어나는 일인데, 사람이 저급한 마음일수록 타인을 자신보다 낮추어 말할 때, 자신이 더 그 타인보다 우월하다고 느낍니다.

이러한 것들은 그저 지인을 비하하는 데 멈추지 않고 자신의 연인에게도 발생할 때가 있는데, 사랑하는 연인마저 친구들에겐 킬킬거리며 농담을 일삼는 사람들이 있습니다.

저자는 그러한 사람들에게 말해주고 싶습니다.

"당신은 사랑할, 사랑받을 자격이 없다고. 상대방을 진정성 있게, 아껴 하는 마음조차 없는 야속한 사람이라고."

악인들도 사랑을 하는 게 신기한 세상입니다.

언어적 성희롱 사례 6

길을 가다가 봉변당한 여성도 있습니다.

P씨는 길을 걷다가 한 남자가 따라와 당황했습니다. 남자는 대뜸 마음에 드니 사귀고 싶다며 P씨의 전화번호를 물어왔다고 해요.

P씨는 그래도 공손하게 예의를 지키며 거절했다고 합니다. 그러자 거절당한 남자가 갑자기 큰 목소리로 욕을 하더라는 겁니다. 입에 담지 못할 욕을 해대더니 나중엔 협박하듯 밤길 조심하란 말까지 하더니 유유히 사라졌다고 하네요.

갑작스런 봉변을 당한 P씨는 멍한 마음에 한동안 그 자리를 뜨지 못했다고 합니다. 생각해 보십시오. 얼마나 소름끼치는 일입니까. 가까운 주변에 지나가는 사람들이 몇몇 있었지만 남자를 제지한 사람은 한 사람도 없었다고 합니다.

이런 경우는 남자를 찾아 처벌하기도 애매한 사건이었습니다. 욕한 적 없다고 발뺌할 것이 뻔하고, 이 동네 사람이 아니었다면 찾아내기도 어려워 P씨는 분함을 삼켜야 했습니다. 말만 들어도 참 두려운 사건이었습니다.

함께 생각해보기

모든 언어적 폭력이 그러하듯이 언어적 성희롱은 마음에 발길질을 당합니다.
마음이 구겨지고 찢어지는데, 그들은 더욱 세게 발길질을 가합니다.
모두들 보호 받아 왔으며, 사랑 받았으며, 집에는 나를 기다리는 사람이 있었습니다.
발길질 당한 먼지들을 조금씩 툭툭 털어내 봅니다. 다시, 살아가기 위하여. 다시, 생존해보기 위하여. 나는 소중한 사람이니까.

③ 시각적 성희롱
- 외설적인 사진, 그림, 문자

시각적 성희롱 사례 1

모 건설업체의 잘나가는 여직원인 L씨의 이야기입니다.

L씨는 새로 배치된 부서의 K대리가 컴퓨터 화면보호기에 여성 누드 사진을 깔아 놓은 것을 보고 삭제시켜 줄 것을 요구했습니다.

K대리는 그녀에게 이유를 물어왔다.

"L씨, 당신 누드도 아닌데 왜 신경 쓰세요?"

K대리는 이렇게 말하는 것이었습니다.

그 뒤 L씨에게는 이상한 일이 생겨나기 시작했습니다. 남성 또는 여성의 여러 성적 부위를 표현한 사진이 그녀의 메일로 오기 시작한 것이었습니다. 황당한 일이었죠.

L씨는 K대리가 의심쩍어 어느 날 그에게 직접 물어봤습니다. 그러자 K대리는 펄쩍 뛰며 자신이 한 짓이 아니라고 우겼지만, 경찰 조사 결과 그가 사용하는 컴퓨터의 IP와 L씨에게로 도착한 음란물의 IP가 같은 것임이 발견되었어

요. K대리가 그에 따른 벌을 받은 건 당연한 일이었습니다.

함께 생각해보기

정당한 보복이 아닌, 불건전한 보복은 다시 자신에게로 더 큰 보복으로 돌아옵니다.
그러나 타인에게 부당한 보복을 할 당시에는 모릅니다. 어리석은 자들은, 그 당시에는 모릅니다. 뒤에 알게 됩니다. 모든 것이 종결되고 자신이 추락한 그 뒤에.

시각적 성희롱 사례 2

 모 자동차 판매 영업소에서 관리소장이 피해자인 판매사원의 핸드폰에 지속적으로 성적 수치심을 일으키는 문자 메시지를 보낸 일이 있었습니다.
 반차를 쓰겠다고 상사에게 카톡을 보내자 관리소장은 여직원에게 톡을 보냅니다.
 "어디가 아픈데? 혹시, 그거야? 한 달에 한 번씩 여자들이 걸리는 마술."
 "내가 갈까? 많이 아파?"
 이런 답장을 보내왔다고 합니다. 여직원은 이런 비슷한 일을 몇 번 겪어 왔기에 이번에는 '성희롱 위원회'에 신고한 일이 있었습니다.

> **함께 생각해보기**
>
> 공적인 관계에서 지나친 관심과 호기심과 친절은 부담스러울 때가 있습니다.
> 그 부담은 불안감이 되고, 불안은 불행을 예고하는 감정이기에 대부분 틀리지 않습니다. 피해자들은 마음의 상처가 일어난 뒤, 이유를 궁금해 합니다. 자신을 해한 이유를. 이유가 밝혀지더라도, 사건이 일단은 종지부가 되어도, 치유만은 쉽사리 되지 않았습니다.

시각적 성희롱 사례 3

어느 고등학교에서 있었던 일입니다.

한 남학생의 주변에는 항상 다른 남학생들이 모여들었습니다. 원래 인기쟁이인가 보다 싶었지만 그가 남학생들 사이에 인기가 있는 이유는 따로 있었습니다. 그의 휴대폰에는 수백 장의 여성 사진들이 가득했기 때문이었지요.

학교에서 찍은 여학생들의 사진은 물론이었구요, 학교 밖에서 찍은 여성들 사진은 참으로 가관이었습니다.

버스 안에서 침 흘리며 자고 있는 여자의 사진이 있는가 하면, 엄청나게 살이 찐 여학생의 다리라던가, 반대로 깡마른 여학생의 허벅지 사진 등등 휴대폰 사진 폴더에는 거리나 지하철 육교 위, 그 밖의 수많은 장소에서의 여자들 사진이 고스란히 저장되어 있었던 것입니다. 여학생 사진 수집광이던 남학생은 학교 규칙에 의해 처벌을 받았다고 합니다.

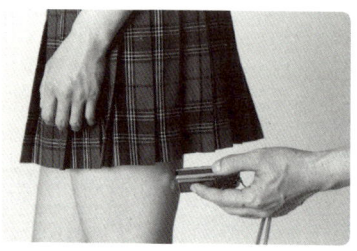

함께 생각해보기

피해자들의 입장에서 성희롱에 관하여 제일로 치욕스러운 것은 자신에 관한 사진이나 영상이 존재할 때입니다.
사람은 기억을 저장하고 싶을 때 사진을 찍습니다.

그런데 타인과 있을 때, 타인을 찍고 싶어질 때, 연인을 찍고 싶어질 때……등등. 그럴 때, 찍고 싶다고 정말 다 찍어버린다면, 그것은 순수한 의도가 아닌, 치졸한 행위입니다. 더군다나 몰래 말이죠.

때로는 어떠한 의도는 도가 지나쳐서 타인을 세상에서 사라지게 만들어버리는 방도가 되기도 했습니다.

시각적 성희롱 사례 4

공무원인 M씨는 같은 부서에 근무하는 여직원에게 매일같이 문자를 보냈습니다.

'점심 같이 먹자.' '시간 좀 내줘라. 데이트하자.' 등등. 심지어 그는 유부남이었죠. 수개월을 시달려 온 여직원은 고소를 하기에 이르렀고, 징계위원회에서는 M씨가 공무원의 품위를 손상시켰다며 3개월간 정직 처분토록 했습니다.

함께 생각해보기

결혼이란 한 사람을 사랑하고, 한 사람만을 바라볼 것을 약속하는 서약식이죠.

그 와중에 공무원 M씨는 신선하고 새로운 경험을 위해 쉽사리 욕망을 먼저 내세웠습니다. 어떠한 욕망은 <u>스스로를</u> 욕보이게 만드는 시발점이 되었습니다.

④ 환경적 성희롱

환경적 성희롱 사례 1

B씨는 회사의 같은 부서 사람들끼리 참가하는 모임에 자주 빠졌다고 합니다.

어느 날 회사의 게시판에는 진급하는 직원들의 명단이 올라왔는데, B씨는 안타깝게도 이번 진급 명단에 자신의 이름은 없다는 사실을 알게 되었습니다.

그러나 정작에 B씨가 기분이 나빴던 것은 자신이 진급에 실패해서가 아니었어요.

"B야! 이번에 우리 동기들 다 진급하는데 너만 빠졌어. 넌 그동안 우리 부서 단합대회도 잘 빠지더니, 아마 그런 게 반영됐을 걸?"

B씨는 동료의 얄미운 지적이 밉살맞았지만, 단합대회에 잘 빠졌던 건 사실이므로 할 말이 없었습니다. 말이 단합대회지 술만 마시는 때가 더 많았으므로 B씨는 참석을 잘 안한 건 사실이었지요.

"여자가 남자 말을 잘 들어야 출세도 쉬운 법이지. 그 나이에 아직도 세상 사는 법을 모른단 말야?"

동료인 남자 직원의 말에 B씨는 부아가 치밀었습니다. 그렇다고 이 한마디 때문에 남자 직원을 고소할 수도 없는 일이었습니다.

위와 같은 식으로 어떤 조건으로 인한 동료 간의 희롱과 남자가 여자에게, 혹은 여자가 남자에게 이런 식으로 환경적 조건을 빗대어 희롱을 하는 경우가 많은 것입니다.

함께 생각해보기

상처를 줄 때, 가해자들은 다시 피해자의 항의를 들을 때, 그것이 상처 될 말이었는지 몰랐다고 둘러댔지만, 압니다. 상처를 받는 사람도 아는데, 상처를 주는 사람이라고 그것이 상처인지 모를까요. 압니다, 그들은.

어떠한 사람들은 전문적으로 상처 주는 법을 배운 사람들 같았습니다.

성희롱 예방 교육 tip

동료로서의 태도

① 동료들 간에 존칭을 사용합니다.

② 공적, 사적 업무의 명확한 구분이 필요합니다.

③ 음담패설은 삼가도록 합니다.

2) 생각이 있는 행동인가요?

나는 생각한다. 고로 존재한다.

- 데카르트(프랑스의 수학자 · 철학자)

(1) 성희롱의 가해자세요?

잘나가는 회사의 김부장은 아들과 딸을 둔 50대 중반의 가장입니다.

그는 얼마 전 자신이 담당하고 있는 부서에 지방에서 대학을 졸업하고 서울의 대기업에 당당히 합격해서 들어온 신입 사원이 아주 기특하고 반갑습니다.

나이가 든 중년의 남자들이 대부분 그렇듯 김부장도 회사의 젊은이들이 자신의 딸과 아들 같습니다. 김부장의 직속 부하 직원이 된 신입 사원 최씨가 김부장의 눈에는 딸아이 또래여서 편하게 대해주었습니다.

그러나 너무 편하게 대한 건가요? 전혀 나쁜 의도가 없었는데 김부장은 최씨에게 야한 농담도 하고, 또한 최씨에게 여자들은 사회생활이든 뭐든 첫 경험이 중요하며,

처음일 때의 여자들은 약간 겁이 많고 심지어는 달달 떠는 여자들도 있는데 그게 그렇게 예뻐 보일 수가 없다는 둥, 누가 들어도 좀 주책스러운 아저씨다, 싶은 말들을 늘어놓은 적도 있었다. 어떤 날은 여자들 옷매무새를 얘기하며 최씨를 지적하기도 했습니다.

그럴 때 김부장은 자신이 아빠와 같은 마음으로 사회 초년생인 최씨에게 지적한 것이라고 오히려 자신을 으쓱해하기도 했지요.

그렇지만 웬걸요? 과연 최씨도 김부장과 같은 생각을 하고 있을까요? 아니죠, 전혀 아닙니다.

최씨는 김부장의 옷매무새에 대한 지적에 뒤돌아서서는 분개했으며, 같은 날 입사한 동기생에게 김부장에 대한 불만을 거세게 토해내고 있었습니다. 물론, 김부장은 이런 사실을 까맣게 몰랐어요. 김부장은 자신이 얼마나 노골적으로 최씨에게 지적을 해댔는지 알아차리지 못하고 있었습니다.

두 사람은 말없이 오해가 쌓여만 갔습니다. 김부장은 김부장대로 최씨가 신입 사원 주제에 부장의 지적을 무시하고 건방지다 생각하게 되었습니다. 최씨는 최씨대로 김부장을 갑질하는 상사로 여겨졌습니다.

자신이 입은 스커트가 너무 짧은데다가 타이트하다고 지적을 했기에 그것이 성희롱으로 느껴져 분노했습니다. 김부장은 김부장대로 자신이 한 말들이 잘못된 것이라고 생각하지 않습니다. 집에서 딸아이에게도 그렇게 말하니까 말입니다.

(2) 성희롱의 피해자세요?

 자, 앞의 경우에 누가 뭐래도 신입 사원 최씨의 입장에서는 김부장이 자신에게 성희롱을 했다고 생각할 수 있습니다.
 옷매무새 지적은 물론 몸매가 너무 말랐다느니, 여자는 살이 여기저기 좀 붙어 있어야 된다느니, 하는 말 따위를 자신에게 한 것이 성희롱이 아니고 무엇인가 생각한 것입니다.
 사실 이 사건 정도는 사건 축에도 들지 않을 정도로 직장 내 성희롱 사건은 헤아릴 수 없이 많습니다.
 여기에서 김부장은 처음에는 신입 사원인 최씨에게 훈훈한 마음을 전하고 싶었지만 잘못된 생각으로 말이 엇나가게 되었고, 그로인해 최씨에게 수치심을 유발시키는 엉뚱한 말을 하게 된 것입니다.
 문제는 김부장이 자신의 말이 상대방에게 수치심이 들게 만들었다는 사실을 전혀 모른다는 것입니다.
 왜냐하면 자신에게는 젊은 사원들이 모두 자식 또래다 보니, 이 정도 말쯤이야 문제가 될 리가 없다는 사고방식이 있었던 것이지요.

그러나 최씨가 실제 자신의 딸이 아니기에 최씨의 입장에서는 '자기가 뭔데 남이 옷 입는 스타일까지도 간섭인가'라고 충분히 반발할 수가 있습니다.

그럼에도 불구하고 최씨는 김부장에게 항의할 수가 없었죠. 신입 사원인데다가 자칫 처음부터 잘못 보여서 앞으로 김부장과 껄끄러운 사이가 될까봐 차마 그 앞에서 내색을 못했습니다.

최씨는 같은 동기 한 명에게 그 이야기를 꺼낸 적이 있었는데, 그 동기가 하는 말이 더 황당했습니다.

"별것 아니니까 그냥 모른 척해라."

최씨의 동료는 그렇게 말했을 뿐이었습니다.

성폭행 당한 것도 아니고, 그 정도 성희롱쯤이야 직장생활하다보면 다 있는 것이니 참아야 된다, 이야기를 꺼내서 김부장한테 말해봤자 너만 직장생활 힘들어 질 수 있다, 이런 식의 말을 했다고 합니다.

최씨 동료의 말이 틀린 것은 아닌 것 같아서 최씨도 그 뒤에는 아주 입을 닫아 버렸습니다.

그러나 이 생각부터 잘못된 것입니다. 이제는 세상이 바뀌고 있습니다. 알려야 될 것을 상대방에게 알리지 않으면 상대방은 자기가 뭘 잘못했는지 전혀 알 수가 없는 것입니다.

  만일에 자기가 뭘 잘못했는지 아는 가해자가 있더라도, 피해자가 모른 척하고 사건을 덮어 놓으면, 가해자는 반복적으로 성희롱을 하게 될 가능성이 매우 높아집니다. 한마디로 피해자의 쉬쉬하는 입막음이 가해자를 더욱 뻔뻔스럽게 만들어 반복적으로 성희롱을 하게끔 만듭니다.

  신입 사원 최씨의 경우는 자신이 보호를 받아야 하는 입장에도 불구하고, 동기생 외에는 아무에게도 도움을 요청하지 않았습니다. 그것은 최씨 자신이 받아야 할 마땅한 대우를 자신이 거절한 것이나 마찬가지입니다.

  이런 경우 자신이 성희롱적인 발언을 들었을 때, 자신의 의견을 누군가에게 상담을 받고 해결을 하려고 나서야 자신의 권리와 인권을 보호하는 것이란 사실을 반드시 알아야 합니다. 가해자를 뒤에서 손가락질만 하는 시대는 이미 지나갔습니다.

  나쁜 짓들은 공론화하고 자꾸 이야기를 꺼내어 그에 합당한 조치를 취해야 올바른 성문화가 제대로 세워질 것입니다. 불이익, 불평등, 우리가 겪고 있는 수많은 잘못됨에서 나 자신은 어떤 대처를 하고 있는 지 다시 한 번 생각을 해봐야 할 것입니다.

3) 내 생각과 다른 너의 행동을 먼저 보세요

역지사지(易地思之)
- 처지(處地)를 서로 바꾸어 생각함 이란 뜻으로, 상대방의 처지에서 생각해 봄.

성희롱도 생각이 다름에서 나오는 행위입니다.

성추행과 성폭력, 성희롱이 무엇이 다르냐고 묻는다면 일반적으로 성폭력은 상대방에게 어떤 형태로든 신체 접촉이 강제로 행해진 형태이고, 성추행은 성폭력에 포함되는 행위인데 성희롱과는 다르게 협박이나 폭행을 하며 흥분을 목적으로 하는 즉, 성적 수치심을 남기는 행위를 말합니다.

반면에 성희롱은 단지 언행으로 나온 말 한마디로도 해당이 될 수 있는 행위를 말합니다. 그런 면에서 보면 우리 주변에 가장 많은 성범죄는 성희롱으로 단지 말 한마디로 상대방을 낮추게 만드는 경우가 흔하게 있습니다.

물론, 성희롱이란 범죄는 성추행이나 성폭행보다는 죄가 덜하다고 볼 수 있을 것입니다. 그러나 학교에서 또는 직장에서, 성적 수치심을 느낄만한 성희롱을 당해보면 사정이 달라집니다.

말 한두 마디 갖고 뭘 그러냐고 치부해 버리기엔 당한 사람들의 수치심이 크고, 그 상처 또한 깊고 오래갑니다.

성희롱 사례 1

비단, 어느 회사라고 이름을 밝히지 않아도 직장인이라면 주위에서 간혹 볼 수 있는 풍경인지도 모르겠습니다.

모 회사의 회식 자리에서 있었던 일입니다.

"미스 리, 뭐해. 술 좀 따르지 않고."

이씨는 '미스 리'는 단어에도 어이가 없었지만, 술을 따르라는 말에 이씨는 매우 화가 나서 그 자리에서 용기 있게 거절했다고 합니다.
"부장님, 저는 술 따르는 여자가 아닙니다."
이런 경우는 성희롱에 분명히 해당이 됩니다.

함께 생각해보기

용기가 당사자를 살려냅니다.
그만큼 용기란 위대한 감정입니다. 모든 영웅들은 용기를 내었고, 위험한 상황에서만큼은 우리도 자신, 본인을 지켜야만 하는 영웅이 되어야 했습니다.

성희롱 사례 2

이번 사례도 어쩌면 주변에서 간간이 볼 수 있는 일인지도 모르겠습니다.
여사원 G씨는 같은 부서 내에 있는 남성 동료인 L씨가 자신의 몸을 위아래 자꾸 쳐다보는 게 너무 거슬리고 짜증이 났다고 합니다.

그러던 어느 날, L씨가 또 자신의 몸을 위아래로 자꾸 쳐다보자 G씨는 도저히 못 참아서 L씨에게 따져 묻게 되었다고 합니다.

왜냐하면 G씨가 지나가는데, L씨가 옆자리의 사람에게 속삭이는 소리가 G씨의 귀에 들려왔다고 합니다.

"와, 엉덩이 진짜 탱탱하네."

"뭐라구요? 지금 저한테 한 소리입니까?"

G씨가 큰 소리로 L씨에게 따져 물어서 주위 사람들이 모이기 시작했고, 급기야 당황한 L씨는 G에게 사과를 했다고 합니다.

이것도 분명한 성희롱이 맞습니다.

함께 생각해보기

말은 태도입니다.
태도는 상대방이 누구냐에 따라 달라지며, 공적인 회사 같은 곳에서, 자신보다 지위가 낮은 사람에게는 자신도 모르게 함부로 나오는 경향이 있습니다.
그러나 그 함부로가 신체의 특정한 부위를 지적한다

든지, 노골적인 농담 등의 희롱적인 발언들은 결국엔 어떡해서든지 자신에게로 되돌아옵니다.
자신이 아니라면, 자신이 아끼는 그 무언가에 대하여 돌아오게 됩니다. 이처럼 잘못 깔아 던져 놓은 언짢은 행실들은 다시금 자기 자신이 주워야만 하니까요.

성희롱 예방 교육 tip

내 생각이 다른 사람과 다르다고 상대방에게 맞추려 하지 마세요.
그렇다고 아닌 것을 우겨대란 말은 아닙니다.
자신의 주장이 옳다고 느껴지면 그것을 주장할 만한 근거 또한 제시할 줄 알아야 합니다.
그러다 보면 자존감이 높아지고 남들이 그대에게 함부로 막말을 하지 못할 것입니다.

4) '함께'라고 말은 하지요

> 원래 좋고 나쁜 것은 다 생각하기 나름이다.
> - 윌리엄 셰익스피어 (영국의 시인이자 극작가)

'함께'라는 단어는 현대사회에서 어쩌면 가장 필요한 단어일 것입니다.

왜냐하면 개인주의가 심각할 정도로 뿌리박힌 현대에서 '가정'이나 '학교' '회사' 등등, 함께하는 의식이 필요한 모든 곳에서 요즘처럼 '함께'라는 단어가 절실하게 필요한 적도 없었죠.

오죽하면 일간지 광고나 텔레비전 광고를 보더라도 '함께'라는 단어가 자주, 그것도 중요한 어조로 등장하기 시작한 것만 보더라도 그 중요성을 잘 알 수 있는 것입니다.

그러나 그렇게 중요한 '함께'가 어느 곳에서는 그 의도와 정신을 무색하게 만듭니다. 바로 학교나 직장 내의 성희롱이 그렇습니다.

해가 지날수록 성범죄율이 높아져만 가고 '지능화'되어 가고 있습니다. 그 가운데에서도 우리는 같은 집단이나 직장 안에서의 성희롱을 많이 발견할 수 있습니다. 교수나 선생님의 성폭행과 성추행, 또한 일반적인 폭행과 선배가 후배에 대한 성추행, 성희롱 등등.

도대체 저 사람이, 저 높은 직책의 사람이 어떻게 저런 짓을 했을까 싶을 정도의 사회적 지위가 있는 사람이 추문에 휩싸이는 것을 우리는 드물지 않게 뉴스에서 보곤 합니다.

아이러니한 것은 그들 역시 '함께'라는 단어를 들먹거리며 사람들에게 함께하는 협동 정신을 외쳤던 지위의 사람들이 많다는 것입니다.

그뿐인가요!

남자만 여자를 성희롱한다는 인식은 이미 멀어져 간 지 오래입니다. 최근에는 세계 곳곳에서 30대, 40대의 여교사가 10대 제자를 성폭행했다는 뉴스가 심심찮게 등장해서 많은 주부들과 여성들을 낯 뜨겁게 만들고 있습니다.

말로는 '사랑이다'라고 하나같이 말합니다만, 40대 아저씨가 10대 여고생을 사랑한다고 우기는 것도 낯 뜨겁기는 마찬가지지요.

이제 우리는 그동안 우리가 생각해 왔던 공동체의 모습을 많이 바꾸어야 합니다. 저자인 제가 늘 외치듯이, 변화만이 살길입니다. 변화하지 않으면 살아남을 수가 없습니다. 연말이면 회식 자리에서 젊은 사원들의 눈치를 봐 가며 슬쩍 자리를 바꿔 주는 회사 상사가 있는가 하면, 자기의 높은 자리를 이용해 젊은 사원들을 압박하고 심지어 성희롱까지 하는 상사도 있습니다.

그렇다고 눈치 보면 자리를 피하는 전자가 훌륭한 상사는 아닙니다. 직위를 벗어나 토론을 하고 대화를 하는 상사가 환영받는 세상입니다. 그것만이 진정한 '함께'를 만들어 갈 수 있기 때문입니다.

직위가 높다고 무조건 존경받던 시대는 이미 역사 속으로 사라져 버린 지 오래입니다. '함께'하려면 '미래'를 읽을 수 있는 상사가 되어야 합니다. 그리하여 후배들에게 진정 존경받을 수 있는 상사가 되는 것이 '함께'하는 선배일 것입니다.

성희롱 예방 교육 tip

아랫사람들을 포용하고 스스로 거듭나는 삶을 살아야 존경받는 상사가 되는 것입니다. 생각해 보세요, 당신은 어떤 선배인가요?

5) 저한테 함부로 말하지 마세요

세상 모든 사람들의 다툼은 어쩌면 함부로 말하는 것에서 싸움이 시작되는 것인지도 모릅니다.

이 책이 직장인의 성희롱에 관한 것이 주된 내용이라면, 성희롱의 대상에 남성도 포함되겠지만, 아무래도 여성에 대한 남성의 성희롱이 주류를 이룹니다.

남자들 가운데 집에 계신 자신의 어머니에게 함부로 말하는 사람은 아마도 없을 것입니다. 그러나 직장에 가면 여기저기 앉아 있는 여사원에게는 함부로 말하게 되는 남성들이 많이 있습니다.

직장에서 보게 되는 여성들. 그녀들도 당신의 어머니처럼 누군가의 어머니가 될 사람들입니다. 여성은 언젠가는 한 아이의 어머니가 됩니다. 그런 위대한 존재가 여성입니다. 누군가가 여성에게 함부로 대한다면 그것은 훗날 미래의 어머니에게 함부로 하는 것과 마찬가지입니다.

그리고 남성은 언젠가 한 아이의 아버지가 됩니다. 그 남성이 어머니라 불릴 여성에게 함부로 하는 것은 결국 남성의 자식도 그대로 보고 배우게 될 것입니다.

여기서 배울 점은, 우리가 어떤 행동을 함에 앞서 생각을 해봐야 한다는 것입니다. 당신의 자녀가, 우리의 후손들이 우리가 하는 모든 행동을 지켜보고 있기 때문입니다. 직장 내 성희롱과 성추행 사건의 일반적으로 남성 상사가 아랫사람인 여직원에게 행하게 되는 것이 대부분인 경우가 많습니다.

이 사건들의 가해자는 누군가의 아버지이며, 또는 존경받는 선배일 것입니다.

실제로 성폭행범으로 처벌 받게 되는 순간까지 아무것도 몰랐다가 기절하여 쓰러지는 부인과 자식들도 있으며, 너무 놀라 그럴 리가 없다며 존경하는 선배의 구속을 믿지 않는 후배들도 허다합니다.

대학을 졸업하고 사회의 지도층에 있던 인물인 그이에게 성추행 당했다는 여성 한 사람의 폭로로 말미암아 하루아침에 모든 걸 잃고 추락하는 남성들을 우리는 심심치 않게 봅니다.

이 글을 쓰고 있는 저자도 남성들에게 말하고 싶습니다. 한 가정의 아버지로 당신이 쌓아온 노력과 당신 자식들의 앞날을 명예롭게 하라고 말입니다. 그리고 자식에게나 또는 동네 이웃의 어린이들에게도 함부로 말하지 마세요.

특히, 어린이들에게 우리는 함부로 말하는 경향이 있습니다. 직장에 다니는 부모가 어린이집을 믿고 아이를 맡겼는데, 그 아이에게 썩은 음식을 먹이고, 그것도 모자라 잠을 억지로 재우고 폭행하고, 발길질에 쓰러진 아이를 일으켜 또 때리고……

이게 과연 아이를 가르친다는 선생님들이 할 짓인가요? 그나마 CCTV가 잡아냈기에 다행이지 말입니다. 카메라가 없었다면 그들은 아이 몸에 난 시퍼런 멍과 상처들은 어떻게 설명했을까요?

맞은 아이에게 생겨난 트라우마(Trauma, 외부에서 일어난 충격적인 사건으로 인해 발생한 심리적 외상)는 어쩌면 평생을 아이 곁에 머물러 성장에도 해를 끼칠 수 있습니다.

성희롱 예방 교육 tip

누군가에게 성희롱을 당하거나 괴롭힘을 당하면 어른이나 아이나 마찬가지로 편안한 마음일 수는 없습니다.
편치 못한 마음을 적극 외부에 알려야 하며, 어린아이를 둔 부모는 아이의 변화를 항상 잘 관찰할 필요가 있습니다.

내가 미처 생각하지 못하고 행한 성희롱 사례 적어보기

내가 얼떨결에 당한 성희롱 사례 적어보기

말이란 때때로 칼날이 되어 남을 찌르기도 하고, 역시 칼날이 되어 자신에게 되돌아오기도 합니다.
건강한 말을 하고 있는 지, 아닌 지를 한번 곰곰이 생각해보며 자신의 언어생활을 돌아보세요.

2장

같은 을끼리 이러지 말아요 제발

1) 농담이었어요. 아, 사소한 일 아닌가요?

너에게서 나온 것은 너에게로 돌아간다.

- 맹자(孟子, 중국 전국 시대의 사상가)

말실수 성희롱 사례 1

A씨는 입사한 지 얼마 안 되는 신참 여직원이었습니다. 서먹서먹한 입사 때의 분위기도 점차 사라져 다른 직원들과도 막 친밀감 있게 지낼 즈음이었습니다.

어느 날 동료인 남자 직원과 담소를 나누다가 자신도 모르게 이름을 잘못 부르게 되었습니다.

"길현(가명) 씨!"

이렇게 전혀 다른 이름으로 동료인 남자 직원을 불렀습니다. 남자 직원은 성준(가명)이란 이름이었는데, A씨가 남자의 이름으로 자신을 부르자 처음엔 깜짝 놀랐으나 곧 빙글빙글 웃어댔습니다.

문제는, 이번이 처음이 아니라는 것에 있습니다. 실수를 여러 번에 걸쳐서 했다고 합니다.

"후후후…. 길현 씨라, 애인인가 본데……. 아주 이름이 입에 붙었구만 붙었네 하하."

"미안합니다. ○성준 씨."

"괜찮아요, 후후……. 내가 길현 씨가 되고 싶네요."

A씨가 사과를 했는데도 남직원은 A씨를 볼 때마다 같은 말을 했다고 합니다.

"길현 씬 잘 있어요?"

그러면서 남직원은 몸을 배배 꼬는가 하면, 괜스레 혼잣말인 것처럼 말하고 했답니다.

"어이쿠~ 누구누군 좋겠다아~. 내 이름은 누가 불러주나아~ 하하."

그렇게 중얼거리기도 남직원에게 A씨는 정말 부아가 치밀었습니다.

그 일로 인해 A씨의 실제 남자 친구는 A씨 덕분(?)에 A씨 회사에서 이름이 회자되기에 이르렀습니다.

동료 관계로서 사이가 좋았던 A씨와 성준 씨는 그 일 이후로 서로 소원해져 버려서 함께 일했던 때보다 능률이 오르지 않은 것은 물론이었다고 합니다.

어찌 보면 아무 일도 아닐 수 있지만, 직장 내에서는 마음을 느슨하게 있으면 그런 실수를 누구나 할 수 있습니다. 다소 긴장을 하고 업무에 임해야 능률도 오르는 것은 이미 다 아는 사실이거든요.

이 사건은 작고 미미한 일이라고 치부할 수 있겠지만, 두 남녀 사원의 동료애가 멀어지게 된 안타까운 사건이었다고 볼 수 있습니다.

함께 생각해보기

자신에게, 또는 그 무엇에게도 크게 피해가 되지 않았는데도 타인의 실수는 용납하지 못하는 사람들이 있습니다.

마치 자신은 언제나 완벽해왔던 것처럼, 실수를 하면 짓밟으라고 위에서 명령을 내린 것처럼, 그들은 실수를 신랄하게 깎아내렸습니다.

말실수 성희롱 사례 2

이번에는 남자 사원의 말실수를 한 예로 들어 보겠습니다.

회사 안에서 예쁘기로 소문난 C씨는 최근에 같은 부서의 남직원 B씨가 아주 못마땅합니다. 평소에도 자신과 마주치면 유난스럽게 말과 액션이 오버스러웠다고 합니다.

예를 들어, 다른 동료들은 말합니다.

"좋은 아침!"

"C씨, 오늘 기분 좋아 보이는데?"

"점심 같이 먹을래?"

등등 동료들끼리의 평범한 인사가 대부분입니다.

그러나 남직원 B씨는 C씨에게 유난스럽게 인사를 하더랍니다.

"이야아! 오늘 데이트 있나 보지? 의상이 아주 죽이는데?"

"뭐라구요?"

어느 날 B씨의 말에 드디어 C씨가 쏘아붙이듯 되물었다고 해요.

"왜 화를 내. C○○씨 오늘 미니스커트가, 아주 죽인다고오~. 아주 S라인이 막~."

"닥쳐!! 이 쓰레기야! 너 보라고 입은 거 아냐."
"뭐, 뭐라고……? 농담한 걸 갖고…….."

C씨의 고함 소리에 B씨는 물론, 주변 동료들까지 깜짝 놀라며 두 눈이 휘둥그레질 수밖에요.

어쨌든 그 일로 인해 두 사람 사이는 서먹해졌습니다. 며칠 뒤 B씨가 C씨에게 찾아 와 직접 사과를 해서 이 사건은 마무리가 되었다고 합니다.

이후 후일담이 있습니다. 다른 여직원들이 C씨에게 찾아 와 그날 일(B씨에게 소리친 것)은 너무 좋았다, 속이 다 후련했다, 등의 말을 속삭이고 갔다고 합니다.

함께 생각해보기

두 가지 사례를 들었지만 우리가 얼마나 말의 홍수에 살고 있는지, 그리고 얼마나 말 한마디가 중요한지를 깨달아야 합니다.

쉽게 농담을 던지는 입장에서는 자신이 농담을 던지는 상대가 어떤 결점을 가지고 있는지, 또 그에 따른 트라우마는 없는 지까지도 고려해 보아야 합니다.

가벼운 농담이라 던진 말 한마디 때문에, 상대방은 스스로 안 해도 될 마음고생을 하게 될 수도 있으니까요.

농담은 하는 사람과 듣는 사람의 입장 차이가 확실하게 다릅니다. 만일 상대방에게 어떤 말실수를 했다고 한다면, 빠른 시일 안에 그것에 대책을 마련해야 서로에게 피해를 줄일 수 있습니다.

그러나 가장 좋은 방법은 역시 다른 사람에게 말을 건넬 때는 한 번 더 생각하고 하라는 것입니다.

특히, 농담이나 장난처럼 하는 말에 사람들이 상처받는 일이 많다는 것은 말조심이 얼마나 중요한가를 깨닫게 하는 반증인 것입니다. 이야기를 건넬 때 상대에게 칭찬이 되어서 기분을 좋게 만드는 장난이나 농담들이 있습니다.

기왕이면 남의 기분을 띄워주고, 그것을 바라보는 본인의 마음도 기쁘면 우리는 행복함을 느끼지 않을까요?

아부를 하라는 것이 아닙니다. 단지 상대방의 기분을 맞춰서 장난을 치는 것만으로도 그 사람은 기분 좋은 날이라고 생각할 것이며, 당신에 대해서도 아주 좋은 평가를 하게 될 것입니다.

사회생활에서의 처세술은 다양하게 있습니다. 우리는 그런 방법들을 생각해 볼 필요가 있습니다. 엎질러진 물은 주워 담을 수 없다는 속담이 있습니다. 이처럼 잘못된 말은 사람들에게 상처로 남게 됩니다.

기본적으로 우리는 대화를 할 때 상대방을 고려하며 이야기를 해 나가야 합니다. 상대방에게 아무렇게나 말을 뱉어내고 저쪽에서 기분 나빠하면 그제서야 변명합니다.

"농담이었는데 뭘 그리 화를 내는 거야!"

혹은, 이렇게 둘러대기도 합니다.

"사소한 일 아닌가요? 농담이라구요 농담."

이 글을 읽고 있는 우리는 이런 생각 없이 내뱉는 실수들을 하지 않는 좀 더 현명한 생각들을 하면서 살아갔으면 좋겠습니다.

성희롱 예방 교육 tip

말이란 때때로 칼날이 되어 남을 찌르기도 하고, 역시 칼날이 되어 자신에게 되돌아오기도 합니다.
건강한 말을 하고 있는 지, 아닌 지를 한번 곰곰이 생각해보며 자신의 언어생활을 돌아보세요.

2) 자신을 스스로 지키세요

우리에게는 위기에 처했을 때 자신을 200퍼센트 지키는 힘이 이 생겨난다고 합니다.

실제로 높은 곳에서 떨어지거나, 깊은 산속에서 위험한 맹수를 만났을 때, 그런 능력들이 자신도 모르게 강력하게 발휘된다고 합니다. 신기하게도 그동안 전혀 사용해 본 적이 없는 근육이나 자신의 운동신경들도 일사분란하게 유기적으로 움직여서 자신을 보호하는 일도 있습니다.

한 번도 제대로 주먹다짐으로 싸워 본 일이 없는 남자가 자기 집에 든 강도를 마주치게 되었는데, 일대일로 싸워서 이겼다는 놀라운 뉴스를 간혹 들을 때가 있습니다. 그런 기적 같은 일들이 바로 그런 신기한 몸의 현상들을 대변하고 있습니다.

그러한 무시무시한 공포 앞에서도 사람은 놀라운 힘을 발휘해서 위험으로부터 벗어나는데, 같은 사람 앞에서는 상대방이 자신보다 높은 위치의 사람, 즉 직장 상사라면 우리는 왜 몸과 마음이 약해지는 것일까요?

네? 이게 무슨 말이냐구요? 다음 사례를 살펴봅시다.

성희롱 사례 1

P대리는 잘나가는 기업의 잘나가는 유능한 직원입니다.

여사원 가운데 가장 뛰어난 실력으로 회사 내에서도 인기가 많은 P대리는 자신의 상사인 M부장이 몹시 껄끄럽기만 합니다. 그렇다고 개인적인 감정이 있는 것도 아닌데 M부장은 은근히 P대리를 깎아내립니다.

"P대리를 볼 때마다 정말 신기하단 말야~."

"네? 무슨 말씀이신지요, 부장님?"

"여자가, 어떻게 이런 건설업 분야에 뛰어들었는지 신기하단 말야. 흠……. 신기해."

M부장의 말에 P대리는 속이 부글부글합니다. 말끝마다 그는 주로 '여자'라는 단어를 강조하는 사람입니다.

생각 같아선, '여자는 건설업에서 일하면 안 되나요? 어릴 때부터 멋진 빌딩을 짓는 게 제 꿈이었는데요.' 그렇게 말대답하고 싶은 걸 P대리는 꾹꾹 눌러 참았다고 합니다.

예전에 그런 식의 말대답을 한 적이 있는데, 무려 일주일을 넘게 마치 말대답에 대한 복수를 하듯이 P대리에게 유난히 화를 많이 내고 결재 서류가 잘못됐다며 몇 번을 다시 작성하게 했던 기억 때문입니다.

어린애들도 아니고, 참 유치한 일이었지만 어쩌겠어요. 세상엔 어린애보다 못한 어른들이 많이 살고 있으니까요.

함께 생각해보기

직장생활은 왜 힘든 걸까요.
처음 보는 사람들 틈에 섞여서, 익숙해져 가며, 때론 마음에 없는 말도 간간이 하기도 합니다. 아, 우리는 어쩌면 그저 단순히 회사를 다닌다기보다 돈과 사람에 투쟁하기 위하여 늘 바삐 출근하는지도 모르겠습니다. 성별에 대한 차별에 갇혀 살아간다는 것은 얼마나 철저하게 모진 생활이었던가요.

성희롱 사례 2

남자 상사만 아랫사람을 괴롭히는 건 아니지요.

여자 상사도 잘 만나야 됩니다. K씨는 대학 졸업 후 첫 직장에서 깐깐하기로 소문난 여자 상사를 만났습니다. L팀장은 소문에 의하면 그 회사 오너의 조카딸이란 소문도 있었습니다.

K씨는 L팀장이 오너의 조카딸이든 아니든 간에 자신의 의견은 굽히지 않고 항상 또박또박 말했습니다.

"이봐, K씨."

"예. 팀장님."

"내가 여자라고 얕보는 거야, 뭐야!"

"그, 그럴 리가요! 한 번도 그런 생각해본 적 없습니다."

"그럼, 왜 고치라는 거 안 고치고 그대로 다시 낸 거야?"

그렇게 말하면서 L팀장은 K씨가 작성한 서류를 바닥으로 내던졌습니다.

"그건……, 제 생각이 옳다고 생각해서입니다. 그 지역은 지금은 비록 낙후된 곳이지만 앞으로 저희 매장이 들어가면 성공할 만한 충분한 이유가 있어……."

"시끄러워!"

말하는 도중에 L팀장이 소리를 지르는 통에 K씨는 입을 다물어버려야 했다고 합니다.

"개뿔도 모르면서 어디서 아는 척이야!"

L팀장의 서슬 퍼런 갑질은 사회생활 첫발을 내딛는 K씨 꿈을 암담하게 만들기에 충분했지요.

함께 생각해보기

바로 이것입니다.
이 사례에 본 바와 같이 우리는 사회에서 만난 사람들 가운데(학교도 포함됩니다) 학교 선배나 직장 상사를 굉장히 어려워하거나 혹은 나 자신에 비해 아주 높은 위치의 사람이라고 스스로에게 주입시키는 경향이 있습니다.

그도 그럴 것이 선배나 직장 상사의 말을 거절한다면 어떤 불이익을 받는 경우가 있으므로 당사자들은 으레 겁을 먹은 채 상사의 말을 대부분 거절을 하지 못합니다. 그래서 위와 같은 부당한 일을 당하게 되는 경우가 있는 것입니다.

물론 산속에서 만난 맹수 앞에서 자신을 지키는 것과 사회생활에서 자신을 지키는 것은 엄연히 다릅니다. 맹수 앞에서 자신을 지키는 것과 상사 앞에서 자신을 지키는 것을 고르라고 한다면, 그 어느 누구라도 생각도 하지 않고 상사를 선택할 것입니다. 맹수는 곧 죽음을 맞서는 것이니까요. 죽는 것보다는 상사의 말을 잘 듣는 편이 훨씬 낫다고 생각하는 사람을 욕할 수도 없습니다.

그러나 죽는 것 못지않게 괴롭히는 상사가 있다면 얘기가 달라지지요.

실제로 직장이나 군대에서도 상사 때문에 못살겠다고 하는 유서를 남기고 죽는 부하 직원이나 군대의 부하들을 가끔 보게 됩니다. 도대체 얼마나 괴롭혔길래 차라리 죽음의 길을 택하는 것일까요? 상상만 해도 끔찍한 일이지요.

물론 죽어간 사람의 유서 내용만으로 완전한 사실이라고 믿을 수는 없다 해도, 몹시 괴로워한 내용이 있다면 그 원인 제공을 한 상사가 있다면 이야기가 달라집니다.

한 사람을 죽음에까지 이르게 한 원인 제공자가 상사라면 그 상사는 맹수보다 못한 사람입니다. 사람이 사람을 죽인 게 되니까요. 사람의 자격이 없는 것이지요.

상사가 괴롭혀 죽음을 택했다면, 그 상사는 칼만 휘두르지 않았다는 것 뿐이지 살인범과 뭐가 다르겠습니까.

그렇다면 우리가 그런 못돼먹은 상사를 사회에서 만났을 때, 자신을 보호하려면 어떻게 해야 하는 지 함께 생각해 봅시다. 우선 많은 사람 앞에서 자신을 지키는 방법은, 우선 평소 생활에서 나타나야 합니다.

자존감이나 자신의 가치를 높여서 평가를 하고 주변 사람들에게 어필을 해야 주위 사람들도 당신을 쉽게

건들거나 농담 따위의 대상으로 이야기하지 않을 것입니다. 자신의 가치를 높인다는 것은 그리 어렵지 않습니다. 자신의 위치에서 당당하게 노력하는 모습을 지켜나가는 것입니다. 그런 사람에게 돌을 던지는 사람은 없을 것입니다. 아무리 높은 상사라도 말입니다.

그리고 또 하나, 소극적이 되어 움츠러들고 숨지 말아야 합니다. 그렇게 되면 상대방은 당신을 만만히 볼 것이 뻔합니다. 당신에게 못돼먹게 구는 상사가 있다면 당신이 제발 소극적으로 굴거나 말이 없는 사람이기를 간절히 원할 것입니다. 왜냐하면 그래야 자기 자신의 못된 짓을 누구에게도 일러바칠 수가 없을 것이니까요.

게다가 당신이 소극적인 사람이라면, 다른 사람에게는 당신이 자신의 주장이나 의견이 없는 사람으로 보이기 쉬워서 당신에게 급한 어떤 어려움이 닥쳐도 대수롭지 않게 보여지는 단점이 있습니다. 그러므로 위축된 모습보다 좀 더 과감한 자신을 표현하면 할수록 주위 사람들은 본인을 만만하거나 쉽게 평가하지 않을 것입니다.

소극적이거나 소심한 사람보다 대담하고 용감한 사람에게 우리는 눈길이 더 간다는 것을 알고 있습니다. 적극적인 성실함은 사람들에게 사랑받을 수밖에 없죠.

그렇지만, 눈에 띄기 위한 수단으로 자신이 할 일은 소홀한 채 방종을 일삼는다면, 그것은 적극적이라는 것보다는 사람들과의 조화를 깨뜨리는 어리석은 사람이 될 것입니다. 다시 이야기의 본론으로 들어가 봅시다.

한 신입 사원이 회사에 들어가 직장 생활을 시작할 때, 그 사람에게는 바로 위의 상사가 있을 것입니다. 집단(회사나 조직)에 처음 발을 붙이게 된 신입 사원은, 그 집단에서 자신의 위상을 높이기 위해서 열심히 노력할 것입니다. 직장에서 만나는 윗사람에게 자신의 이미지를 스스로 만들어나가는 것은 매우 중요하며 플러스 점수로 남을 것입니다.

물론 자신의 이미지를 어떻게 상사 앞에서 만들어 나가느냐도 중요하지만, 본인의 힘으로 일을 헤쳐 나가는 모습을 보이고 뚜렷한 가치관을 보여줌으로써, 성희롱을 일삼는 상사가 있다면 당신을 건드리지 못하게 하는 좋은 방법이 될 수 있다는 것은 분명합니다.

이렇게 성실하고 용감하게 자신의 이미지를 만들어서 스스로를 보호하며 사회생활도 성공으로 이끌어 나가는 사람이 있는가 하면, 소심하고 위축된 성격으로 인해 자신의 이미지를 제대로 만들지 못하는 사람도 분명 있을 것입니다.

이런 사람들은 못된 상사를 만나면, 쉽게 보이고 농담의 주제가 되어 마음에 상처를 입어 자존감이 줄어드는 경우가 많습니다.

그러나 용기를 내야 합니다. 이미지는 얼마든지 새롭게 바꿀 수 있습니다. 스스로 인정할 것은 인정하되 또는 잘못한 것이 있다면 잘못한 것을 인정하는 것도 새 출발의 시작이 됩니다. 그러나 그것이 다 끝난 것이 아님을 스스로 보여주면 되는 것입니다.

용기 있게 인정할 것은 인정하고, 잘못된 것이 있다면 제대로 얘기해야 합니다.

"그건 이렇고, 저건 저렇다."

그런 식으로 자신을 올바르게 설명해야 합니다.

중요한 점은, 잘못한 것은 인정하고 변명이 되어서는 안 됩니다. 변명이 아닌, 현실을 지혜롭게 극복해야 하는 것입니다. 이런 진정성 있는 모습을 보일 때, 직장 동료들이나 선후배도 그 마음을 읽게 되어 천천히 인간관계를 회복해 가게 되는 것이지요.

또 한 가지, 직장의 상사가 당신에게 성희롱적 발언을 할 경우입니다.
이런 고약한 직장 상사가 더러 있습니다. 이런 경우, 그가 부당한 대우를 할지라도 처음부터 확실하게 인식을 시켜 주는 것이 제일 좋습니다. 자신의 의견이 분명히 보이도록 말을 하고 아닌 것은 "아닙니다." 라고 확실한 어조로 말을 하는 것이 좋습니다.
한마디로, 쉽게 봐서는 안 되는 사람이라고 알아서 생각하도록 인식을 심어주는 것입니다. 그런데도 끝까지 스토커처럼 성적인 발언을 계속해 댄다면 직장 내 신고센터를 이용하든지, 친한 동료와 의논하여 대책을 마련하는 것도 좋은 방법이 될 것입니다.
제일 중요한 것은 나 자신이지요.
미움 받을 각오를 하고 거절할 것은 거절해야 합니

다. 거절한다고 미워한다면 그 마저도 각오하십시오. 미움 받는 거 무서워서 좋아하지도 않는 사람과 사랑을 나눌 수는 없지 않겠습니까. 그래서도 안 되지요.

사회생활을 이런 '더러운 고민'들을 하지 않고 지낼 수 있다면 참으로 행복할 것입니다. 그러나 세상 사람들이 생긴 것이 모두 제각각이듯이 살아온 환경과 성격도 모두 제각각입니다.

부유한 환경에서 자랐다고 모두 건전하고 올바른 것은 아니고, 가난한 환경에서 자랐다고 모두 돈 앞에 비굴한 것은 아니듯이 사람들 성격 또한 모두 다릅니다. 성에 대한 인식도 성격만큼이나 모두 다르니 별의별 사람이 다 있는 것입니다. 그렇다고 자신과 다른 사람을 무조건 이해하라는 뜻은 아닙니다.

성격과 살아가는 인생 패턴은 제각각 다른 것은 이해하되, 말도 안 되는 성희롱을 하는 사람은 절대 이해하면 안 된다는 것이지요. 아무리 직장 상사라 해도 그런 경우는 용서하면 안 되고, 제아무리 직장 상사라 해도 일단 가해자로 보아야 합니다. 그리고 앞서 말한 대로 재빨리 해결책을 찾아야 합니다. 직장 상사의 괴롭힘, 특히 성희롱과 그에 따른 괴롭힘은 선처를 호소하기에는 그 사안이 아주 악질적인 경우가 많기에 용서받기가 쉽지 않다고 합니다.

"진정 존경받는 직장 상사가 되고 싶습니다."

이것은 모든 직장인들이 원하는 단 하나의 대답입니다. 물론 대부분의 직장 상사들은 후배들에게 존경 받는 경우가 대부분이지요. 어물전 망신은 꼴뚜기가 시킨다고 합니다. 지극히 일부의 엇나간 직장 상사로 인해 많은 이들이 손가락질 받는 경우가 많은 것이 사실입니다.

어떤 경우는 무심코 사무실 여직원에게 한 말이 성희롱이라고 고소를 당한 상사도 있다고 합니다. 의외로 이런 경우가 많다고 합니다.

예를 들어 이렇습니다.

"L씨, 요즘 시계를 자주 들여다보네. 남자 생겼어?"

이렇게 직장 상사가 말했을 때, 충분히 성희롱 발언이라고 우리는 생각할 수 있습니다.

그리하여 그 말을 들은 L씨는 속이 부글부글 끓고 있습니다. 시계를 몇 번 쳐다봤다고 남자가 생겼냐고 묻는 상사라니! 얼마나 분할까요?

그래서 L씨는 상사지만 따지고 싶습니다.
'같은 말이라도 좀 예쁘게 하면 어디가 덧난답니까?'
'L씨, 무슨 일 있어? 시계를 자주 쳐다보니 급한 일이 있나 해서……'
뭐, 그런 식으로 물어봤다면 마음이 상할 일도 없었겠지요. 더 답답한 일은, 그렇게 말한 직장 상사는 정작에 L씨가 자신의 질문에 왜 화가 났는지도 모른다는 사실입니다.
실제로, 악의적이고 못돼먹은 상사도 있지만 자신이 한 말이 왜 성희롱이 되는 지도 모르는 상사도 있다는 것이 사실입니다.
위에서 실례로 든 L씨의 직장 상사는 본인은 잘 못 느끼고 있으나 분명히 가해자 맞습니다.
악의는 없었지만 본인도 미처 L씨가 받았을 상처는 생각도 못한 것이지요.
다행히도 이곳의 L씨는 직장 상사를 고소까지 하는 일은 하지 않고 지나갔지만, 그렇다고 쉽게 상사를 용서한 것은 아니었습니다.
"기분 나쁘네요. 제가 한약을 먹고 있는데, 제시간에 맞춰 먹으려고 저도 모르게 시간을 자주 확인한 거예

> 요. 대리님은 여자 친구가 생기시면 시계를 쳐다보시나 보죠?"
> L씨는 그렇게 받아쳤다고 합니다.
> 우리는 여기에서 의도치 않게 가해자가 되는 경우, 어떤 식으로 행동해야 피해자에게 용서 받고 자신도 마음이 다시 편해질 수 있는지 살펴보기로 합시다.

가해자 대처 요령

대개의 직장 상사 중에는 자신도 모르게 성희롱이라고 간주될 만한 일을 저지르고도 까맣게 잊고 생각을 하지 못하는 경우도 많이 있습니다.

이럴 때는 본의 아니게 한두 마디 잘못된 표현으로 인해 성희롱의 가해자로 낙인 찍혀 버릴 수 있으므로, 자신이 피해를 입힌 피해 여직원에게 재빨리 사과를 해야 자신의 자존감을 지킬 수 있는 것입니다.

인사고과 정신

위와 같이 실수를 하게 된 직장 상사가 있다면 아래의 '가해자 대처 요령'을 살펴보고 정중한 태도로 이에 임하게 되면 문제가 쉽게 풀릴 수 있게 될 것입니다.

인정 – "듣고 보니 불쾌감을 느꼈을 수 있었겠네요."
"○○ 씨의 입장에서 생각을 하면 기분이 상했을 것 같아요."

사과 – "제 행동에 언짢으셨다니 죄송합니다."
"의도치 않게 한 말에 불편하게 해서 미안해요. 사과할게요."

고마움 – "많이 힘드셨을 텐데 말씀해 주셔서 감사합니다."
"제가 인지하지 못한 부분을 알려주셔서 고마워요."

과정 – 피해자에게 사과하는 정황과 그 과정이 반드시 있어야 합니다.
"제가 ○○ 씨에게 동일한 언행이 다시는 생기지 않도록 주의하겠습니다."

성희롱 예방 교육 tip

자신을 가꾸고 발전을 위해 부단히 노력하는 것이야말로 최고의 자기방어입니다.

3) 선배님, 선배님 우리 선배님

그 길에 먼저 태어나서 간 사람이 선배다.

- 정지승(작가)

저자가 선후배를 정의하는 내용은 간단합니다.

선배란 먼저 태어나서 먼저 길을 터놓은 사람이고, 후배란 그들보다 뒤이어 태어나고 그 뒤를 따르는 사람들입니다. 이것은 비단 사회생활만을 이야기하는 것이 아니라 인생 또한 마찬가지라 생각합니다. 부모 자식 간에도 어찌 보면 인생 선후배 사이니까요.

자, 그러면 어떤 사람이 좋은 선배이고 어떤 사람이 좋은 후배일까요?

우선 우리가 언뜻 떠오르는 좋은 선배의 모습을 상상해 봅시다. 일단 좋은 선배란 어떤 사람이다, 라고 정의를 내리기 전에 자기와 잘 맞는 사람을 우리가 흔히 좋은 점수를 주듯이 좋은 선배 역시 자기와 잘 맞는 선배라고 생각할 수 있습니다.

그러나 그것은 우리가 편하게 생각하는 '착각'일 수가

있습니다. 본인과 잘 맞는 성격과 가치관을 갖고 있다고 해서 그가 직장 생활 전체적으로 봤을 때 과연 좋은 선배의 자리에 설 수 있을까요?

물론 당신이 최고라고 생각한 사람이 실제로도 최고의 선배일 수도 있습니다. 이럴 때, 어떤 사람이 진정 훌륭한 선배인가를 객관적으로 가늠할 수 있는 방법이 있습니다. 좋은 '리더'가 될 수 있는 사람이 좋은 선배라 할 수 있는 것입니다.

그렇다면 좋은 리더란 어떤 사람일까요?

명문대학을 졸업하고 회사에 들어와 목표를 정해 최단 기일에 최고의 능률을 올리는 사람이 좋은 리더일까요?

저자인 저는 그건 아니라고 확신해서 말합니다.

좋은 리더란, 공동의 목표를 향해 솔선수범하여 앞장서 나가는 사람이라고 생각합니다. 명품 차에, 멋진 정장에 멋진 넥타이, 틈틈이 후배들과 분위기 좋은 곳에서 비싼 양주 한 잔 사 주는 선배가 좋은 리더가 아니란 말입니다.

후배들보다 더 이른 시간에 출근해 이것저것 하루 일과를 준비하는 선배, 때로는 막힌 화장실도 직접 들어가 뚫어주는 선배, 간혹 한 건의 어렵던 일거리가 끝나면 막걸리 한 잔 사 주는 선배, 그리고 일이며 인생이며 술자리에서 조언과 격려를 아끼지 않은 선배, 그런 선배야말로 좋은 리더라고 생각됩니다.

 아마도 여러분도 저의 생각에 동의해 주시리라 생각합니다.

 그렇다면 이번에는 좋은 후배란 어떤 사람일까도 생각해 봅니다.

 여러분 가슴에 손을 올리고 자신이 좋은 후배라고 생각하면 손을 편하게 내려놓으세요. 아마도 쉽게 손을 내려놓는 사람은 그다지 많지 않을 것입니다.

 누구나 좋은 선배를 만나기 원하지만 자신이 좋은 후배인가를 생각해 보는 일은 별로 없습니다. 나무랄 수도 없는 일입니다. 인간은 기본적으로 자기만의 보호본능을 가장 중요시하니까요.

 이미 눈치 채셨겠지만 좋은 후배란, 선배의 말만 무조건 따르는 사람은 절대 아닙니다. 그런 사람이 있다면 그건 사람이 아니라 로봇이겠지요.

 선배의 지적과 충고를 받아들이되 자신의 의견도 피력하는 힘을 가진 사람이 좋은 후배에 해당됩니다. 여기에서 '힘'이란 평상시에 업무를 완전히 파악하고 그것을 공부하는 '힘'을 말합니다. 거기에다 검소하고 부지런하면 추가 점수를 더 얻을 것입니다.

성희롱 예방 교육 tip

선배인가요?

후배인가요?

부끄럽지 않은 모범을 보이는 직장 생활이 되도록 노력합시다!

4) 어른이 되어야 아는 인성과 인격의 차이

인격이란 어둠속의 사람 됨됨이다.

- 드와이트 라이먼 무디
 (Dwight Lyman Moody, 미국의 침례교 평신도 설교자)

인성 - 사람의 성품

인격 - 사람의 품격

학교에서도 배우지 못하는 것이 바로 인성과 인격입니다. 물론 어릴 때부터 가정에서 부모가 솔선수범하면서 자녀들에게 가르치는 것이 한 사람의 인성과 인격의 바탕이 되는 것이 사실입니다. 그러나 부모가 없는 경우도 있기에 스스로 나쁜 짓은 경계하고 건전하고 성실하게 살아갈 수 있도록 노력해야 하는 것도 매우 중요합니다.

그렇지 않은 경우도 많습니다만, 세상을 떠들썩하게 했던 끔찍한 사건을 일으킨 범죄자를 잡았을 때, 대부분 부모가 없거나 한 부모 가정에서 자란 경우도 있고, 매우 가난함과 억눌림 속에서 자라온 경우가 많습니다.

그런 사례를 접할 때면 어릴 때 정상적인 가정에서 자라는 것이 인성과 인격을 만드는 데에 얼마나 중요한 역할을 하는 지 알 수 있습니다.

물론 그런 면에서 어릴 때 불우한 환경으로 부모에게 그러한 교육을 못 받는 경우는 나라(정부)에서 그런 교육을 지원해 주는 방안도 검토해야 된다고 봅니다.

법령으로 만 18세가 되면 자신의 주체적인 주권을 갖게 됩니다. 요즘 청소년들은 빨리 어른이 되고 싶어 하지요. 그렇지만 어른이 되고 싶다고 해서 학교를 그만두고 바로 어른이 될 수는 없는 것입니다. 나이도 성인의 나이가 되어야 사회적으로도 진짜 어른이 되기 때문입니다.

또한 경제 활동을 제대로 할 수 있는 나이가 어른이 되는 나이이기 때문이기도 합니다. 비단 경제 활동뿐인가요? 성인이 되지 못한 나이에는 가치관도 제대로 형성되지 않은 시기입니다.

물론 청소년 시기부터 자신의 주체적인 생각을 가지고 생활하는 학생도 있지만, 모든 것을 알고 사람들을 대하기에는 많이 부족함을 갖고 있습니다. 하지만 대부분의 또래 학생들은 아직 주체성이 확립되지는 않은 시기이기에 어른들과 동등한 대접을 받을 수는 없는 것입니다.

그렇기에 우리는 성인과 청소년의 차이를 사회적으로 나눠 놓은 이유가 있는 것입니다. 성인이 되었을 때의 책임감은 청소년 시기와는 아주 다르다는 것을 알아야 할 필요도 있습니다. 어찌 보면 쉽게 설명이 가능할 지도 모르겠습니다.

우리는 성인이 되었을 때 인격과 인성이 확립된다고 이야기를 많이 하고 있습니다. 사람들은 인성, 인격을 보고 그 사람의 이미지를 가려내고 또 자신의 배우자로 선택하기도 합니다.

대부분 인성과 인격, 둘 중에 하나만 좋은 경우는 없습니다. 인성이 선천적인 부분이 많다면, 인격은 후천적인 요소가 매우 크다고 볼 수 있으므로 우리는 올바른 인격을 형성하기 위해 많은 노력을 기울여야 할 것입니다.

우리는 성인이 되었을 때야 비로소 인격과 인성이 확립된다고 이야기를 많이 합니다. 남녀 사이의 애정 문제에도 인성과 인격은 아주 중요한 역할을 하지요.

(1) 먼저 여성분들께 묻습니다

여러분은 인성이 포악하거나 인격이 쓰레기인 남자를 사랑할 수 있습니까?

(예를 들어, 회사의 환경미화원 아저씨가 연세가 많은데도 반말을 하며 무시하는 쓰레기 인격).

아니면, 인성은 좋은데 인격이 망나니 같아요, 사랑할 수 있는지요?

(예를 들어, 성격은 부드럽고 상냥한 거 같긴 한데, 택시를 탔을 때 나이든 기사에게 반말을 툭툭 던지는 인격일 경우).

(2) 이번에는 남성분들께 묻습니다

남성분들은 인성과 인격이 쓰레기인 여자를 사랑할 수 있습니까?

(예를 들어, 백화점에서 옷을 고르며 매장의 점원 아가씨에게 대수로운 일도 아니라는 듯 자기네 집 몸종 다루듯 할 때).

이번에는 인성은 봐 줄만한데 인격이 막나가는 여자를 사랑할 수 있겠습니까?

(예를 들어, 조용조용한 성격이라 좋아했는데, 조용조용하면서 주변 아는 사람들 험담을 매일매일 늘어놓는 여자).

> **성희롱 예방 교육 tip**

자신의 인성을 가꾸고 상대방의 인격을 존중해 주세요.
나 자신의 인격과 인성을 더욱 가꾸고 높여주세요.

5) 목적과 방향은 한마음인데 왜 존중과 배려는 안 되나요

우리가 한 회사에 입사를 하게 되었을 때 당신이 산업스파이가 아니라면, 그 공간에서 만나는 사람들은 대부분 같은 목적을 두고 같은 방향으로 나아가는 사람들이 많을 것입니다.

그곳에서 우리는 크게 하나의 같은 목적을 갖게 됩니다. 즉, 이윤을 창출하고 회사의 명예를 높이는 일이 가장 주되고 큰 하나의 목적일 것입니다. 그렇기 때문에 건물을 짓거나, 물건을 만들고, 또 그 물건들을 홍보하고 판매하여 이윤을 창출해내지요.

이렇게 쌓인 이윤들은 사람들의 월급으로 쓰이거나 또는 회사의 자본금으로 다른 사업에 진출하기도 하고, 회사의 기반을 더 탄탄히 만드는데 쓰이기도 합니다.

이렇듯 개인이 좋아지고, 회사가 좋아지고, 나아가 국가가 좋아지는 일이 바로 각자가 지니는 경쟁력일 것입니다.

경쟁력이란?

- 경쟁할 만한 힘이나 능력.

이 경쟁력이야말로 개인부터 시작해 모든 회사, 사회, 도시들, 그리고 국가…. 어느 것 하나라도 무심히 지나칠 수 없는 것이 바로 경쟁력입니다.

선진국을 보며 확인하는 것도 그들의 경쟁력입니다. 강력한 경쟁력을 바탕으로 이윤 창출이 다른 나라들에 비해 월등히 높은 것을 볼 수 있습니다.

그에 비해 우리나라는 아직 갈 길이 멀다고 볼 수 있습니다.

이윤 창출을 위한 목적과 방향은 한마음인데, 여기저기 삐걱대는 것이 많으니 배가 산으로 올라가는 회사도 많습니다. 경쟁하는 것은 좋은데, 그것을 시야를 넓혀 외부 즉 다른 나라와 경쟁을 해야지, 국내 기업, 그것도 자기 회사의 사람들과 삐걱대는 일이 많으니 문제입니다.

사회의식과 경쟁의식이 어디서부터 잘못되었는지 모르겠지만, 우리 사회의 직장인들을 설문조사한 결과 자신이 존중받거나 배려 받지 못하고 있다고 생각하는 직장인들이 대다수였다고 합니다. 안타까운 결과가 아닐 수 없습니다.

그렇다면 왜 이렇게 목적과 방향은 같은데 배려 받지 못하고 존중 받지 못하는 것일까요?

그 이유는 아주 간단합니다.

우리가 처음 조직에 들어가서 생활하다 보면 가장 처음으로 일을 배우는 말단 사원이 되겠지요. 당신이 말단 사원일 때 당신을 도와주고 가르쳐주는 사람들은 어찌됐든 당신의 회사 선배이며 상사일 것입니다. 그 선배들과 상사 중에 혹시라도 한두 명쯤은 어쩐지 당신을 무시하기도 하고 훈계를 한다며 꾸중을 해서 당신의 첫 회사 생활을 암담하게 만들 것입니다.

물론 그런 선배들이 없기를 바라지만 어디에나, 모두가 만족할 완벽한 직장은 없으니까요. 모두가 함께 다니는 회사고 회사의 발전과 자신들의 발전을 위해 일하는 공동체가 회사임에도 불구하고, 당신에게 못마땅한 표현들을 해대는 그 몇 사람의 선배와 상사 때문에 당신은 분명히 상처를 받게 될 테지요.

회사에 당신보다 조금 일찍 들어왔다고 후배들에게 갑질을 하는 선배에게 배울 수 있는 건 무엇일까요?

같은 갑질일 것입니다.

실제로 선배에게 갑질을 당해 본 사람이 선배가 되면, 자신도 당해 본 갑질을 새로 들어온 후배에게 똑같이 한다는 웃지 못할 설문조사 결과도 있습니다.

 시어머니에게 시집살이를 많이 당한 며느리일수록 자신이 시어머니가 되었을 때, 자신이 당한 만큼 새 며느리에게도 혹독한 시집살이를 시킨다는 통계가 있듯이 말입니다. 그러나 그것도 이젠 역사 속으로 사라지는 옛말이 되고 있지요. 요즘 세상에 어느 젊은 며느리가가 시집살이를 하겠는지요.

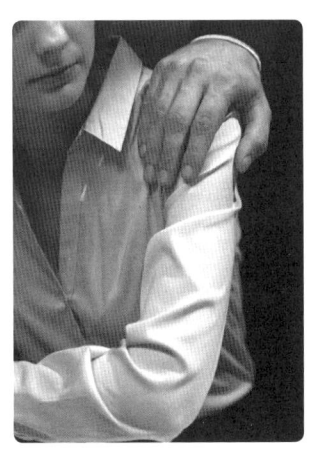

그러나 현대에도 회사는 갑질이 여전하다고 합니다. 선배들이 후배들 시집살이 시키는 행위말입니다. 아직도 관행처럼 남아 있다고 하니 이런 행위들은 선배 자신들이 앞장서서 뿌리 뽑아야 한다고 생각합니다.

어쩌면 이런 현실은 대학가에서 기인한 것인지도 모르겠습니다.

선배 학생들이 신입생들에게 처음에 하는 행위들이 친절하고 가르침의 미학이 아닌, 갑질로써 보이는 풍경도 아니라고는 말할 수 없는 부분이 많이 엿보이지요.

그런 옳지 못한 문화가 관행처럼 남아서 한창 중요한 신입 사원 시절을 힘들게 보내는 젊은이들이 많다고 합니다.

왜 이런 행동들이 계속되고 있는가 하면, 우리는 단지 받아들인 것을 법이라고 확고히 생각하고 있기 때문입니다. 그것이 실제로 법도 아니고, 그저 선배들의 관행일 뿐인 경우가 허다한데 말이지요.

좀 더 좋은 사회, 좀 더 나은 국가가 되기 위해서 우리는 오래된 옛것의 나쁜 관습은 과감히 버릴 수 있어야 합니다.

자, 요즘 세상에 한 회사에서 어떤 남자 부장이 여직원과 말다툼하면서, "어딜! 여자가 감히 목소리가 이리 커!"라고 했다고 합니다. 바로 이런 것이 나쁜 관습입니다.

남자는 목소리가 커도 되고, 여자는 목소리를 작게 내야만 미덕인 사회! 그것은 이미 백 년도 더 된 이야기입니다. 21세기를 사는 이 마당에 나올 말은 아닌 듯합니다. 선배라고 윽박지르던 관행도 사라져야 하고, 후배라고 무조건 선배 말에 따르라고 강요하는 것도 국가의 경쟁력을 좀먹는 일입니다.

다행인 것은 그나마 그런 관습이 날이 갈수록 점점 줄어들고 있는 추세입니다. 대표적으로 대학가와 군부대에서 많은 변화가 감지되고 있으며, 나쁜 관행이 개선되고 있는 것은 참으로 다행이라 할 수 있습니다.

변화만이 살길이다! 이것은 어느 자리에서도 통하는 말입니다.

성희롱 예방 교육 tip

말과 다른 행동은 누구에게도 인정받지 못합니다.
자신의 신념을 행동으로 보일 때입니다.

피해자를 바라만 보았던
나의 행동 적어보기

가해자를 바라만 보았던 나의 행동 적어보기

성희롱이나 성추행에 노출되는 대상은 사회에 입지가 잡힌 선배들이 아니라, 아직 사회에 경험이 없는 후배들에게 발생할 수 있는 확률이 높습니다. 이럴 때는 선배 여성들이 나서서 돕는다면 그들이 여성으로서 새롭게 사회생활을 해나감에 있어서 외롭지 않을 것입니다.

3장

몰라서 저지르는
직장 내 성희롱이라고요?

1) 내 딸 같아서~

평화는 힘으로는 유지되지 않는다.
평화는 오로지 서로 이해하는 것으로 달성할 수 있는 것이다.

- 아인슈타인(Einstein, Albert, 독일 태생의 미국 이론 물리학자)

성희롱사례 1

O부장은 이번에 새로 입사한 Z씨를 몹시 예뻐했습니다. 사람들 앞에서 "Z씨는 마치 내 딸 같아."라는 말을 입에 달고 삽니다.
그러나 Z씨는 이런 상황이 몹시 불편해했습니다.
그러던 어느 날, 하나의 사건이 터지게 되었다고 합니다.
회식이 있던 날이었다고 합니다. 퇴근 시간이 되자 Z씨는 동료들과 회식에 참석하기 위해 준비하다가 뒷자리의 O부장의 전화 통화 내용을 우연히 듣게 되었습니다.
"하하하, 그래. 우리 큰딸이로구나. 어딘데? 뭐야, 설마, 술 먹고 있는 건 아니겠지? 여자가 밤에 술 마시고 다니는 거 아니다. 그래. 얼른 집에 들어가라."

보통의 아빠와 딸의 대화였습니다.

평범한 대화였지만 Z씨는 O부장이 매일처럼 자신에게 딸 같다고 한 말 때문에 O부장이 진짜 딸과 이야기를 나누자 저도 모르게 통화 내용을 들었다고 합니다.

특별할 내용도 없는 통화인 것 같았으나 아버지의 자식 사랑이 느껴지는 장면이었다고 합니다. 어쨌든 회식 자리에서 모두 식사를 하고 맥주를 한 잔씩 나누게 되었습니다.

"우리 딸! 따알! 아빠가 주는 술 한 잔 받으라고~."

그러면서 O부장은 Z씨에게 술을 권하는 거였습니다.

Z씨는 상사가 주는 술잔을 차마 뿌리칠 수가 없었다고 합니다. 게다가 신입 사원이니 용기도 안 났죠. 선배 사원들이 모두 부장님이 주시는 술을 받아 마시는데, 신참인 자기가 싫다고 거부할 순 없었던 겁니다.

"Z씨! 내 옆으로 와 앉아! 술 한 잔 따르라구!"

이건 또 무슨 이웃집 개가 짖어대는 소리일까요?

Z씨는 어이가 없었습니다. 그런데 더 어이가 없는 건 옆에 앉은 선배의 말이었다고 합니다.

"Z씨는 뭐해. 냉큼 가서 부장님 술 한 잔 따라 드려."

옆자리 선배 언니가 다그치는 거였어요.

'그렇게 좋으면 네가 하세요.' 하고 Z씨는 생각만 할 뿐, 별수 없이 O부장의 술잔에 소주를 한 잔 따라주었다고 합니다.

O부장의 옆자리로 자리를 옮기진 않고 술을 따랐는데, 재차 오라고 다그치진 않은 게 그나마 다행이었다고 할까요.

"Z씨, 블루스는 좀 추나?"

"러브 샷은 해봤어?"

O부장의 귀찮고 짜증나는 질문이 계속 되자 Z씨는 화장실을 가는 척하고 자꾸 일부러 자리를 비웠다고 합니다.

그런데 더 어이없는 일은 O부장은 여기서 그치지 않더라는 것입니다. 오늘 다 같이 죽어야 한다며 2차, 3차를 외치더랍니다.

Z씨는 옆자리에 앉은 동료들의 얼굴을 쓰윽 바라보았습니다.

말이 동료지 모두 직장 선배들이며 언니, 오빠들이지요. 그 언니, 오빠들이 다들 입을 다물고 부장의 의견을 따라가는데 신참인 자신은 역시 그들을 따라 같이 움직이는 수밖에 별도리가 없었습니다.

Z씨는 이런 경우가 어디 있나 싶고, 이런 게 진짜 사회

생활의 실제 모습인가 싶어 순간 절망감을 느껴야 했다고 합니다.

O부장은 다행이면 다행이랄까 더 심한 고통을 주지는 않았다고 합니다.

Z씨는 혹시라도 O부장이 따로 만나자는 식의 말을 할까 봐, 그동안 말은 안 했어도 몹시 불안했다고 합니다. 이게 말로만 듣던 직장 내 성희롱인가 싶었고, 나도 희생양이 되어야 하는가 하고 고민했었다고 합니다.

그리고 Z씨는 만일 그런 상황이 또다시 오게 되면 과감하게 회사를 그만둔다는 결심까지도 굳건하게 하고 있었다고 합니다.

다행히 O부장은 더 이상의 한심한 작태는 없었지만, 주책부리는 짓은 여전했다고 합니다.

Z씨가 알고 보니 O부장은 Z씨 뿐만이 아니라 회사 내에 여기저기 딸도 많았습니다. 좀 귀엽고 예쁘다 싶으면 무조건 "딸 같아서~ 하하." 이러면서 친한 척하는 게 O부장의 기본 개인기였던 것입니다.

딸뿐이겠습니까?

조카도 엄청 많은 거 보고 Z씨는 두 손, 두 발 다 들었다고 합니다.

"우리 조카딸과 똑같네. 아주 사근사근 말도 잘하네."

이런 O부장의 말에 어떤 여직원은 졸지에 O부장의 조카로 '등록'했다지요.

위 하나의 사례만으로도 지금 저자가 무슨 말을 하려는지 여러분은 모두 아실 것입니다.

참고 있으면 바보로 아는 세상입니다.

물론 참아야 할 때는 참아야 하지만, 이런 경우는 참으면 안 됩니다.

다행히도 Z씨는 다른 동료 여직원들(O부장에게 딸과 조카로 불리어지는 여직원들)과 함께 O부장을 면담해서 자신들의 부담스러운 부분을 항의하고, 고쳐줄 것을 요청하고, O부장으로부터 사과를 받아냈다고 합니다.

성희롱 예방 교육 tip

성희롱 피해자 대처 요령

① 명확한 성희롱 중지 의사 표현.

② 필요시 자신 또는 가해자의 상급자에게 보고하여 중지할 것을 요청.

③ 위의 절차에도 중지되지 않을 경우 피해자는 증인 또는 증거를 확보.

④ 처리 절차에 따라 성희롱 예방 위원회에 신고하여 조치토록 요청.

2) 사랑이란 씨앗은 모두가 똑같이 받았습니다

사랑이라는 뿌리는 땅속 깊숙이 박았지만
가지는 하늘로 치뻗은 나무여야 한다.

- 러셀(Russell, Bertrand Arthur William, 영국의 철학자·수학자·사회 평론가)

부자이거나 가난뱅이거나 세상에 태어날 때 공평하게 똑같이 얻은 것이 하나씩 있다고 합니다.
바로 '사랑'이라는 씨앗입니다.
세상 어느 부모든지 자기 자식에게 주고 싶은 것은 달디단 사랑의 열매일 것입니다. 살아가면서 우리는 부모에게서 물려받은 그 열매를 어떻게 정성을 들여 가꾸느냐에 따라 결과물들이 달라지게 되는 것을 많이 봅니다.
물론 돈이 많은 부자라면 부모가 준 열매에 이것저것 자양분을 더 주어 더 튼튼하고 커다란 열매로 만들어 누구나 탐내는 커다란 열매로 자라게 하여 더 큰 부자로 발돋움을 하기도 합니다.
반대로 가난뱅이의 열매는 처음엔 부자의 열매와 똑같

은 열매였으나, 자양분도 못 주고 물도 제때에 못 주고 돌보지 못해 열매 자체가 말라비틀어지고 수분도 사라져 볼품없이 되어버린 경우도 생겨납니다.

그것은 게을러서라기보다는 가난뱅이는 쉽게 말해 먹고사느라 바빠서 열매를 돌볼 틈이 없었을 뿐만 아니라, 어느 때는 열매가 있는 것조차 잊은 때도 많았기 때문이지요.

가난한 동네의 가장 가난한 집에서 5남매의 넷째로 태어난 저자는 청소년 시기에 부모님께 많은 사랑을 받지 못했다고 생각했습니다.

언니들이나 동생에 비해 수없이 많은 꾸지람을 받았기에 저는 친자식이 아닌가 하는 의심이 들었으며, 친자식이 맞더라도 부모님이 자식들을 너무 편애한다고만 생각했었습니다.

하지만 이제 입장이 바뀌어 아이들의 어머니가 된 저는 이제야 부모님이 나에게 쏟아 부은 사랑이 얼마나 컸던지 깨닫게 됩니다.

다른 형제들에 비해 유난히 말썽을 많이 피운 저에게 부모님은 다른 형제들에게 보다 몇 배의 관심을 보이셨기에 사사건건 그토록 쫓아다니며 훈계를 하셨던 것입니다.

부모가 관심이 없다면 그 아이가 뭐가 되던지 내버려둘 테니까요. 이제야 저는 깨닫게 된 겁니다. 지금의 저는 부모님이 주신 자양분으로 현재 모습을 갖게 되었다고 말입니다.

가난뱅이로 살아가셨기에 저 같은 자식은 한 번쯤 기억에서 잊을 수도 있으셨을 텐데, 단 한 번도 부모님은 저를 가만히 내버려 둔 적이 없으셨고, 부단히 저의 잘못을 지적하고 바로 잡아주셨던 것입니다.

이렇듯 모든 생명은 누군가에 의해 태어납니다. 우리는 어떤 경우에도 태어날 때 만큼은 축복 속에 태어납니다.

그런데, 그렇지 못한 탄생도 있습니다.

그게 뭐냐구요?

세상에서 버려지고 잊어지는 아기들이 있다는 말을 하고 싶었습니다. 동물들도 제어미의 사랑을 받으며 태어납니다. 하물며 사람은 어떻겠습니까. 부모뿐만이 아니라 심지어 온 일가족이 모여 축복의 말을 하는 집도 많습니다. 그럼에도 불구하고 우리 곁에는 부모의 축복은커녕, 그 부모로부터 버려지는 아기들이 있습니다.

자신의 아이에게 사랑을 주지 못하고 내팽개쳐 버리는 사람들이 늘어나고 있다니 참으로 믿어지지 않은 현실입니다.

하기야, 사랑이 없는 부모에게서 자라나 봐야 그 아기는 지옥 같은 삶을 살게 될지도 모르겠습니다. 그럴 바에야 보육원(고아원)에서 자라는 게 어쩌면 더 사랑받는 일일 지도 모릅니다.

오죽하면 저자인 제가 그런 말을 하겠습니까. 제 자식을 버릴 바에야 낳지 않아야 하는데, 사랑을 하면서도 지켜야 할 것은 지켜야 하는데, 그런 기본적인 것을 실천하지 못하니 버려지는 아기들이 많이 생기는 그런 해괴한 일이 자꾸만 생기는 것입니다.

그래서 '성교육'이 어릴 때부터 필요한 것입니다.

책임지지 않는 사랑은 아름다운 사랑이 아닙니다. 축복받지 못하고 태어나는 아기들이 많은 사회는 절대로 아름다운 세상을 만들어 나갈 수 없는 것입니다.

우리 기성세대에서 그런 아름다운 사랑을 심는 일을 다 못하였으니, 이제 자식들 세대에서라도 미래의 깨끗한 세상을 위해 반드시 버려지는 아기들이 없도록 '아름다운 성교육'을 반드시 이루어 내야 할 것입니다.

3) 이중성의 법칙을 강조하는 당신에게

유언묵행(儒言墨行)
- 선비의 말을 하면서 묵자의 행동을 한다는 뜻으로 말과 행동이 다름을 이르는 말.

당당하게 업무시간을 보내지 못했다면 당신은 어려서 학교에서, 혹은 다 자라 사회에서, 어쩌면 어린 시절부터 가정에서 그 말을 듣고 자라왔는지 모릅니다.

바로 "공과 사를 구분해라."입니다.

성인이 되어 사회에 나와서는 더욱 문제가 되는 부분이기도 합니다. 왜냐하면 회사의 업무 시간에 개인적인 일을 처리하는 사원은 당연히 문제가 있습니다. 많은 직장 상사들은 바로 그 문제를 갖고 아랫사람들에게 수많은 잔소리를 퍼부어 대기도 합니다. 수많은 문제점을 지적하는 직장 상사들에게도 한 가지 여쭙고 싶네요.

- 당신이 지금 후배 사원들에게 지적하고 있는 내용에 대해 상사인 당신은 자유로운가요?
- 당신은 회사에서 많은 부하 직원을 당신 아래에 두고

있습니다. 당신은 많은 사원들에게 공과 사를 구별하라고 지적을 할 것입니다. 부하 직원들은 그렇게 말하는 당신을 잘 믿고 따르고 있습니까?

부하들에게 존경을 받는 상사라면 이 부분은 읽지 마시고 그대로 넘어가시면 됩니다. 하지만 그렇지 않다면 지금 당장에 당신이 상사나 윗사람이 아닌 일반인으로서 되돌아보십시오.

윗사람으로써 당신이 아랫사람에게 충고와 조언을 할 만큼 떳떳하고 당당하게 업무 시간을 보내지 못했다면, 당신은 후배 사원들에게 그 어떤 충고도 할 자격이 사실상 없는 것입니다.

왜냐하면, 자기에게 충고를 한 선배 상사가 그런 이중성을 갖고 있는 사람이라면 그 어떤 후배도 이중적인 선배의 말을 듣지는 않을 것이기 때문입니다.

말을 듣지 않는 것이 문제가 아니고, 나중에는 이중적인 선배를 무시하는 일까지 생깁니다. 그러므로 직장 선배들은 나중에 후배들을 욕하면서 건방지다느니, 배신당했느니 하면서 괴로워할 것이 아니라 후배들에게 귀감이 되는 멋진 상사가 되어야 할 것입니다.

후배들은 선배를 보고 배우는 새싹들입니다. 회사 내 뿐만이 아니라 사회 어느 곳에서 자신을 보고 배우는 후배가 있다는 것은 선배로서 또 그들보다 나은 연장자로서 모범을 보여야 하는 것입니다. 말로만 앞장서는 사람이 아닌, 행동 또한 이분법을 제대로 시행하는 사람이 되어야 당신의 파워가 진정 강해집니다.

4) 나는 상사입니다. 여러분의 상사라구요!

무시당하는 말은 바보도 알아듣는다.

- **양창국**(梁昌國, 조선시대 말기의 의병)

S부장은 회사 내에서 어느 쪽이냐 하면, 유능한 쪽에 속합니다.

회사뿐만이 아닌 가정 생활도 모범적이고 부족함이 없지요. 두 아들은 모두 명문대에 다니고, 아내도 알뜰하고 살림도 잘해 이미 10여 년전 지금 살고 있는 아파트를 살 때도 아내의 덕이 컸습니다.

그런데 요사이 S부장은 웬일인지 마음이 편치 않습니다.

윗사람이고 아랫사람이고 이상하게도 S부장을 대하는 데 예전 같지 않은 것입니다. 예전엔 자기에게 스스럼없이 농담도 곧잘 건네던 동료들이나 부하 직원들이 요즘은 어쩐지 그러질 않습니다. 뭔가 어려워하는 게 보이고 곧잘 자신들의 술자리에도 "부장님, 같이 가요~", 하던 사람들이 별말 없이 저희들끼리 우르르 퇴근합니다.

S부장은 어느 날부터인가 리더십이 실종된 것입니다. 그

는 자신의 곁을 말없이 지나치는 부하 직원들을 향해 외치고 싶었습니다.

'나는 상사입니다. 여러분의 상사라구요!'

자, 여기에서 S부장의 문제점은 무엇일까요?

그렇습니다. 그는 10여 년이 넘도록 회사를 위해, 가정을 위해 모범적으로 일해 왔습니다. 그러나 사회생활을 하는 데에 어쩌면 가장 필요한 화합의 부재를 그는 안고 있었습니다.

회사 일이 끝나면 시계처럼 정확하게 그의 발걸음은 집으로 향했고, 이른 아침이면 잠시 운동을 하고 식사를 하고 바로 일터로 향했습니다. 바로 그것이었습니다.

오직 앞만 보고 주변을 살피지 않은 것이 S부장이 부하 직원들에게 유령 취급받는 이유입니다. 당신이 진정 부하들에게 혹은 동료들에게 인기 있는 사람이 되려면 주변을 둘러볼 줄 알아야 합니다.

누가 지금 어떤 상황인지, 당신의 위로가 필요한 것인지는 아닌지, 주변을 한번 둘러보세요. 그것은 사회생활에서 가장 필요한 신뢰를 주는 지름길이랍니다.

특히, 남자 상사들은 남직원보다 여직원들과 인간적인 신뢰를 쌓아가기가 여간 쉽지는 않습니다. 게다가 시대가 변해 여성들의 위상이 높아지다 보니 예전의 구시대적인 발상과 생각으로 여성을 대하다가는 남자들은 큰코다치기 쉽습니다. 여성의 능력을 인정받고 우대받는 시대가 온 것은 사실입니다.

전 세계 곳곳에서 여성들이 우월하게 나라를 다스리고 솔선수범하여 국가의 위상을 높이고 국민들을 위해 일하고 있습니다. 여성 통치자들의 수가 나날이 늘어간다고 해도 과언이 아니지요.

하지만 여성이라는 말 자체가 무기가 되는 것은 아닙니다. 간혹 자신이 여성이라는 점을 무기처럼 휘두르고 상사에게 잔소리를 들어도 눈 하나 꿈쩍하지 않는 여성이 있다고 한다면, 그것은 '여성 우월주위'에 빠진 착각 속에 빠진 사람들 이야기가 됩니다.

성(性)은 남성과 여성으로 나뉘어 있고, 예전에는 남성이 우월한 체력과 운동신경으로 사냥을 함으로써 여성보다 많은 일들을 해왔고, 이제는 시대가 변함에 따라 여성들 자체도 많은 능력을 인정받아 남성들 못지않은 직업 전선에 이미 뛰어들어 와 있습니다.

직업적으로는 많은 분야에서 오히려 남성보다 더 두각을 나타내기도 합니다. 여성 특유의 섬세함으로 일반 소비

자들이 원하는 바를 정확히 짚어내 기업이 이윤을 창출하고 번영하는 데에 커다란 역할을 해냅니다. 그것이 바로 여성들 특유의 발전적인 모습이기도 하지요.

그런 멋진 여성들의 세상에서 아직도 사내 성희롱이니, 사내 성추행이니 하면서 회사에서 여성의 설 자리가 흔들리는 경우도 많이 있습니다.

성희롱이나 성추행에 노출되는 대상은 사회에 입지가 잡힌 선배들이 아니라, 아직 사회에 경험이 없는 후배들에게 발생할 수 있는 확률이 높습니다. 이럴 때는 선배 여성들이 나서서 돕는다면 그들이 여성으로서 새롭게 사회생활을 해나감에 있어서 외롭지 않을 것입니다.

여성들이 능력을 인정받고 우대 받는 시대가 온 것은 박수치고 기뻐할 일이지만, 그에 따라서 다른 소수의 여성들이 여성 우월주의에 빠져서 남성들을 무조건 무시하는 일은 없어야 될 것입니다.

여성 우월주의의 발생이 현대의 사회에서 많은 새로운 사람들을 만들어 내기도 했습니다. 소심한 상사, 아랫사람 눈치 보는 상사, 회사를 싫어하는 상사 등. 이렇게 어색한 단어들은 어쩌면 여성 우월주의가 탄생시킨 새 단어인지도 모릅니다.

여러분!

자신의 권리를 지키고 보호하는 것은 좋습니다.

하지만 남성과 여성이 외모가 다르듯 자신들이 각자 해야 할 일이 다르고 설 자리가 다릅니다. 선배와 후배들도 그 설 자리가 다르고 할 일이 다릅니다. 서로가 서로를 보듬지 못하고 자신들의 길만 주장한다면 우리의 미래는 설 자리를 잃을 것이며, 무엇보다도 사회생활을 처음 시작하며 가졌던 설레임도 잃게 될 것입니다.

상사에게 무조건 잘못을 떠넘기는 것도 미래를 향해 가는 후배들이 할 짓이 못됩니다. 여러분이 가진 권리는 침해 받으면 안 되지만, 또 다른 사람을 침해하거나 무시해서도 안 됩니다. 서로의 권리를 인정하는 것이야말로 우리가 청소년기를 지나 성인이 되어 가장 먼저 지켜나가야 할 일인 것입니다.

5) 빙산의 일각으로 표현하고 싶군요

자신이 어떻게 변해 왔는지 알려면 변하지 않은 곳으로 돌아가는 것보다 더 좋은 방법은 없다

- 넬슨 만델라(Nelson Mandela, 남아프리카공화국 최초의 흑인 대통령이자 흑인인권운동가)

직장 내 성희롱의 문제는 어제 오늘 이야기가 아닙니다. 여기저기 이곳저곳 성희롱이니 성추행이니 말은 많지만 정작에 항의를 하거나 신고를 하거나 외부에 드러내는 경우는 말 그대로 빙산의 일각에 지나지 않습니다.

성희롱사례1

H대리는 토요일인데도 I부장의 부탁(?)을 거절할 수가 없었습니다.

말이 부탁이지 상급자의 부탁은 명령과 가깝다고 보는 게 옳을 것입니다. 물론 거절할 수도 있는 일이지만 거래

처의 중요한 인사를 대접하러 나간다는 부장의 말을 듣고 냉큼 거절할 수도 없는 일이었습니다. 회사를 위한 일이니 도와달라고 하는데 누가 거절할 수 있겠습니까.

H대리는 I부장을 만나 거래처의 K전무를 만납니다.

그런데 식사 후, 그 자리가 술자리로 이어지면서 H대리는 상대방 K전무에게 술을 따르는 일을 하게 되었습니다. I부장이 대놓고 말했습니다.

"한 잔 따라드려야지."

이러는데 거절할 수가 없었습니다.

그런데 자리가 쉽게 끝나지 않습니다. I부장이 문제입니다. 아무리 거래처에 잘 보이는 것도 좋지만 이런 식으로 잘 보여야 되나 싶은 생각도 들 정도입니다.

I부장이 2차를 가자고 제안했기 때문입니다. 거래처 K전무는 흔쾌히 수락합니다. 하기야, K전무는 대접 받는 중이니 그것을 거절할 리는 없을 테지요.

"죄송합니다, 부장님. 저는 이제 그만 가봐야 될 것 같습니다."

"곤란한데? 남자들끼리 분위기 안 좋게 무슨 2차를 안 가. 게다가 K전무를 보라구! 저렇게 기분 좋을 때 우리가 좀 더 확실히 확답을 들어와야지."

부장의 말을 들은 H대리는 어이가 없었습니다.

뭐 이런 성희롱이 있나 싶었습니다.

'아니, 부장님! 뭐라고요? 그렇다면 제가 무슨 술집에서 일하는 사람입니까?' 라고 대꾸하고 싶었지만, H대리는 그 말을 참느라 두 손끝에 주먹을 꽉 지었습니다.

I부장의 말에도 H대리는 고집을 꺾지 않았습니다. 이건 정말 아니다 싶었던 거죠.

"선약이 있어요. 바꿀 수 없는 선약입니다."

H대리는 그렇게 말하고 K전무에게도 인사를 하고 나왔습니다.

자, 월요일부터 H대리의 말 못할 고통이 시작되었다고 합니다.

I부장이 복수를 하기 시작한 거지요. 왜 끝까지 자신을 도와 술집이니 노래방이니 안 따라다녔는가, 하는 불만을 여러 방면에서 복수를 하기 시작해서 H대리는 이후 수개월 동안 스트레스에 시달려야 했다고 합니다.

이것은 아주 작고 사소한 에피소드에 불과합니다.

상급자들의 부하 직원에 대한 복수는 작고 사소한 것에서부터, 회사를 그만둘 때까지 괴롭히는 미친(?) 상사까지 다양합니다. 자신에게 미칠 안 좋은 영향 때문에 이런 인터뷰까지 망설이는 직장인들이 의외로 많다는 사실은 놀라지 않을 수 없습니다.

당신은 혹시 직장의 상사이신가요?

주변을 돌아봐 주십시오. 당신이, 혹은 당신이 아니라면 주변의 윗사람으로 인해 숨어 사는 후배 사원이 없는지 한 번 둘러 봐 주시길 바랍니다.

사람 사는 세상에, 혹자는 문제가 없는 곳이 어디 있겠느냐 하겠지만, 작은 것을 놔두면 결국 그것이 점점 커져서 정말 얼음산이 될 수 있어요. 요사이 전 세계로 번지는 '미투 운동'이 왜 생겼겠습니까. 작은 문제를 내버려두니 크게 터지게 된 거라 생각합니다.

어쩌면 최근 미투 운동에 의해 드러난 성희롱이니 성추행, 성폭행 등은 빙산의 일각이라고 생각이 드는 건 비단 본 저자만의 생각은 아닐 테지요.

가해자를 두둔했던 나의 행동 적어보기

피해자를 외면했던 나의 행동 적어보기

이기주의인 사람은 다른 사람을 위한 일(봉사 또는 협조)은 하지 않지요. 모든 중심이 자신의 영역에만 맞춰져 있기 때문입니다. 그러나 자신을 사랑하는 사람은 남도 사랑하는 게 특징입니다.

4장

나를
사랑해 보세요

1) 열등감에서 나오셔야 합니다

남을 괴롭히거나 남이 괴로워하는 것을 보면 은근히 즐겁다는 사람을 분석해 보면 어딘가에 반드시 열등의식이 있다고 합니다.
사람인 이상 열등의식이 없을 수가 없습니다.
세상에 자기가 100% 완벽하다고 믿는 사람이 몇 명이나 되겠습니까. 남이 보기에는 완벽해 보이는 사람도 그 사람에게 직접 물어보면 하다못해 발톱이나 손톱이 못생겼다거나, 배꼽이 못생겼다거나 체력이 약하다거나 등에 커다란 점이 있다거나 등등. 자신이 없는 부분이 한 가지 이상은 있다고 대답을 합니다.
그러나 그렇게 공식적으로 잘난 사람들 말고, 실제로 남들이 보기에 매우 독특한 성격을 갖고 있는 사람들이 더러 있습니다. 세 가지 유형입니다.

(1) 인간관계가 원만한데 트집을 잘 잡는 유형

말 그대로 인간관계가 원만하게 사회생활을 잘하는 사람이 있습니다.

그런데 자신의 마음에 안 들면 트집을 잘 잡고 특히, 만만하다 싶은 여성들에게 심술 맞은 상처를 잘 주는 사람을 얘기합니다.

이들이 평사원일 때는 그런대로 넘어가다가 상급자가 된 다음에는 이야기가 달라집니다.

이성으로 마음에 드는 여직원이 있다면 구애를 하다가도 제 마음대로 안 되면 끝까지 괴롭히는 게 이런 유형들입니다. 게다가 대인관계가 넓은 인맥은 있기에 온갖 인맥을 동원해 자신의 말을 듣지 않는 사람을(구애했다가 거절당한 여성도 포함) 소위 왕따를 시킵니다.

그런 방법으로 주변에 거슬리는 사람이 있으면 좋지 못한 방법으로 상대방을 괴롭히는 유형입니다. 그런 유형일수록 그 속을 잘 들여다보면 열등감에 사로 잡혀 있는 경우가 많습니다.

(2) 불안한 인간관계를 가진 유형

어느 때는 인간관계가 매우 좋은 듯 활발하다가도 어느 때는 아무도 안 만나는 등 침체기를 만난 듯 보여지는 유형입니다.

자신 스스로 불안하기에 그 열등감은 생활 곳곳에서 묻어나옵니다.

스스로의 스트레스로 인해 화를 잘 내고 신경질적이다가도 누군가가 다가오면 금세 기분이 좋아지곤 해서 마치 조울증 환자와도 같은 생활 패턴을 보이기도 하는 유형입니다.

복잡한 현대 사회이다보니 이런 유형의 사람들이 꽤 있다고 합니다.

스스로 생각해 볼 때, 이런 유형에 속하는 분들은 취미 생활에 시간을 많이 쏟는 것도 좋은 방법이라 할 것입니다. 마음에 평정심을 유지하고 속 깊이 있는 열등의식을 분해하는데 좋은 방법이 취미 생활이라고 하는 건 모두가 아는 사실이니까요.

(3) 인간관계가 좁은 유형

인간관계가 좁은 사람들은 의외로 많습니다.

좁다고 해서 아는 사람이 없다는 건 아니고, 아는 사람은 말 그대로 아는 사람으로 두고 정말로 친분이 있는 사람은 몇 안 된다는 뜻입니다.

물론 그게 나쁜 것은 절대 아니며, 그런 인간관계를 맺는 사람 중에는 자신의 열등의식에 갇혀 있는 경우가 더러는 있다는 것입니다.

그런 경우, 자칫 편협한 사고를 갖게 되어 자신과 다른 생각을 갖고 있다거나 다른 인생관을 갖고 살아가는 사람이 있으면 거부감을 갖고 심지어 미워하게 되는 경우도 종종 있습니다.

인간관계가 넓다고 그 사람이 인간성이 좋은 것은 아니지만, 다른 사람들의 살아가는 이야기도 가까이 접해 보아야 된다는 것을 이런 사람에게 권하고 싶습니다.

2) 자신감이 넘치시는 우리 부장님

J부장을 처음 보는 사람은 그가 매우 호탕하게 보입니다. 누가 무슨 말을 해도 껄껄껄 호탕하게 웃는 게 실제로 보기에도 너무나 좋습니다.

"허허허! 잘못 작성할 수도 있지. 소심하게 뭘 그리 걱정해!"

서류가 잘못되었을 때, J부장은 겁먹은 부하 직원을 그렇게 다독입니다.

얼마나 멋진 상사입니까? 모든 것을 포용할 만한 진짜 어른인 줄 알았겠지요.

그러나 그런 일은 잠시 잠깐입니다. 극히 드물지만 자기가 기분이 좋을 때면 그렇게 부하 직원을 용서합니다.

"오늘 한 사람도 빠지면 안 돼. 알겠어?"

"자자, 블루스 타임 끝나면 3차가 기다리고 있다구! 누가 나랑 블루스 출래?"

이런 말도 하는 사람이 모두 J부장입니다.

과연 J부장은 호인일까요, 아니면 주책이 없는 사람일까요?

어찌 보면 호탕한 것도 같고, 다른 관점에서 보면 막 사는 사람 같습니다. 아무래도 후자 쪽이라 생각이 듭니다.

왜냐하면 진정한 호인이라면 두 얼굴로 살아가지는 않을 테니까요.

다른 사무실의 또 다른 부장의 이야기입니다.

비가 오는 어느 날이었습니다. 날씨도 칙칙하고 비가 와서 여직원 P씨가 따스한 커피를 한 잔 타서 부장 앞으로 가져갔다고 하네요.

"어, 예쁘다."

"네? 아, 네에……."

느닷없이 예쁘다는 부장의 말에 P씨는 뭐가 예쁘다는 말인지 잠시 헷갈렸다고 합니다. P씨의 얼굴이 예쁘다는 것인지, 아니면 따스한 커피를 타 와서 예쁘다는 것인지 말입니다.

그런데, 그다음 말은 제발 부장님이 안 해 주셨다면 더 좋았을 것을…….

그다음 말 때문에 P씨 다시는 부장에게 커피를 타서 갖다드리는 일은 안 했다고 합니다.

"그 원피스 엄청 섹시한데? P씨 엉덩이가 그 정도일 줄 몰랐어."

부장의 그 말을 듣는 순간, P씨는 화가 나기 앞서 눈물이 날 뻔했다고 합니다. 너무 분해서 말입니다.

P씨는 상사에게 편안하고 즐거운 마음으로 커피를 갖다 드렸는데, 부장의 성희롱적인 발언에 충격을 받았다는 것입니다.

또 다른 부장에 대한 에피소드를 한 가지만 더 소개합니다.

"이게 뭐야! 애들 장난이야? 누가 대학생 리포트 써 오랬어?"

"안경은 왜 쓰고 다녀? 남보다 더 잘 봐야 되는 거 아냐?"

"내가, 카드 회사에서 전화 오는 사람치고 신용 좋은 놈 하나도 못 봤지!"

"은영(가명) 씨는 그날이야? 왜 그리 예민해."

이런 잔인한 말들을 부하 직원에 내뱉는 상사도 있다고 합니다. 같은 공간에서 일한다면 참으로 끔찍한 일이 아닐 수 없겠습니다.

스스로는 그렇게 부하 직원들에게 막말하는 것이 자신

감 넘치는 상사로 보여진다고 착각하는 것인지도 모르겠습니다.

일일이 나열하자면 끝도 없을 상사들과 부하 직원들의 이야기입니다.

상사들은 많습니다. 그러나 존경 받는 상사는 관연 우리 회사 내에서는 얼마나 될지요. 그것은 오로지 상사인 당신의 몫입니다.

3) 나를 사랑해 보세요. 동료에게 전달됩니다

얼핏 보면 자기 자신을 사랑하는 사람은 이기주의로 보일 수도 있어요.

다소 그런 면이 있긴 합니다. 그러나 자세히 들여다보면 자신을 사랑하는 것과 이기주의는 전혀 다릅니다. 이기주의는 남을 돌아보지 않고 오직 자신의 이익과 자신이 좋아하는 것만을 하는 사람을 말하는 반면에, 자기 자신을 사랑하는 사람은 남도 사랑하는 법을 알지요.

자기 자신만 아는 사람과 남을 사랑할 줄 알면서 자신을 사랑하는 사람은 엄연히 다릅니다.

생활 방식이 다르죠.

이기주의인 사람은 다른 사람을 위한 일(봉사 또는 협조)은 하지 않지요. 모든 중심이 자신의 영역에만 맞춰져 있기 때문입니다. 그러나 자신을 사랑하는 사람은 남도 사랑하는 게 특징입니다.

봉사와 협동은 기본이며, 그런 행위조차도 자기 자신의 성장을 위해 한다고 말합니다. 진정 자기를 사랑하는 것이죠.

사회는 가정의 연장입니다.

가정에서부터 부모님에게 혹은 형제들과 사촌들에게 양보하고 협동하는 정신은 사회에 나와서도 자기 자신을 사랑하고 다른 사람과 협력하여 사회생활 하는 법을 이미 배우게 되는 것입니다.

이기주의인 사람은 아무래도 자기 혼자만의 틀에 박혀 자신의 이익만을 추구했으므로 사회에 나왔을 때 환영받을 수 없게 되고, 무엇보다 이기주의인 생활이 습관이 되어 회사에 들어간다 해도 다른 사람과의 협동에 서툴기에 동료 간에 삐거덕 소리를 내게 될 것입니다.

자기 자신을 사랑하는 사람이 남도 사랑할 줄 알듯이, 다른 사람을 무시하는 사람은 자신도 무시 받게 됩니다.

사회는 만만한 곳이 아닌 현실을 부딪치는 곳입니다.

다른 사람을 사랑하지 않고는 본인도 아무도 사랑해 주지 않을 것입니다. 그것이 협동이고 사회생활에 가장 필요한 것이죠.

4) 좋은 이미지를 만드는 건 바로 나죠

한 사람이 다른 사람에게 좋은 이미지로 보여진다는 것은 분명 기쁜 일입니다.

현대에는 학교를 졸업한 뒤 기업의 입사 시험에도 가장 중요한 것이 응시생의 성적보다 생김새, 즉 이미지가 합격 여부를 최종 결정하는 시대입니다. 자신의 이미지를 바꾸기 위해 외모를 성형하는 일이 비일비재합니다.

이것은 얼마나 우리 사회가 외모 지상주의가 되었는지 반증하는 것이기도 합니다. 이런 세태 속에서 자신을 가꾸기란 여간 힘든 일이 아니죠. 외모는 돈으로 바꿀 수 있을지언정 그 사람에게서 풍겨 나오는 지적인 분위기라던가 교양 정도는 아무리 유명한 성형외과라도 임의로 만들어 낼 수는 없을 것입니다.

사람마다 그 사람에게서 뿜어져 나오는 고유한 이미지가 있습니다.

돈으로도 결코 만들어 낼 수 없는 그런 멋진 이미지를 가진 사람이 되시라 권합니다. 그런 멋진 이미지는 외부에서 만들어지는 것이 아니라, 자신의 내부 생각들이 모여서 만들어지는 것입니다. 그런 사람에게서는 외모가 전부가 아닌 훌륭한 교양과 지적인 이미지가 절로 만들어집니다.

좋은 이미지 즉 좋은 사람, 그게 타인을 위해 만드는 것 같지만 사실 나를 위해서 만들어가는 것입니다. 내가 행복해야 타인에게도 행복을 전할 수가 있습니다.

당신도 사랑스럽고 어여쁜 사람이 되시길 바랍니다.

5) 존경받고 싶다는 말은 이제 그만하시고

어느 회사의 회식자리입니다.
"이번 계약은 B부장의 힘이 컸어. 수고 많았어요."
"전무님. 무슨 말씀이십니까. 오직 전무님 능력이신 거죠."
"허헛. 그렇게 생각해요? 허허허허……."
"어이쿠 그럼요! 특히, 전무님의 일본어 실력은 정말 최곱니다. 일본인이 감탄한 일본어 실력이시잖습니까."
"허허허헛 그래요? 아무튼 다음 달 일본 출장에도 B부장이 동행 좀 해 달라구!"
"당연하죠! 하하하!"
전무와 부장의 대화에 아랫사람들은 술잔을 기울이다가 속이 불편해졌습니다.
"B부장, 아부하는 것 좀 봐……. 저러니까 아부의 달인이란 소릴 듣지."
"불쌍타! 불쌍해. 저렇게까지 해서 먹고살아야 해?"
직원들은 저희들끼리 속삭여댑니다.

잠시 후, 전무가 자리를 비우고 퇴장하자 B부장이 갑자기 큰소리를 칩니다.

"솔직히 말하자면, 하하하. 전무님 일본어 실력은 어린애 일어야. 애들 수준이지. 내가 도와줘서 일이 잘된 건 사실이지! 모르시는 줄 알았더니 알긴 아시네? 하하하하!"

B부장의 자화자찬 소리가 많이 거슬렸지만 직원들은 모른 척할 수밖에 없지요.

"이봐! 자네들도 그렇게 부러워만 말구 날 존경해 보라구! 그러면 어떻게 해야 성공하는지 알게 될 거야. 제발 제대로 일 좀 하라구! 이번에 일본 출장서 내가 벌어들여 온 돈이 얼만 줄이나 알아?"

B부장이 술김에 힘을 들여 더 큰 목소리로 떠들어댑니다.

존경이라니!

B부장의 말을 별수 없이 듣고 있던 직원들은 B부장이 자기를 존경해야 된다는 소리에 웃음을 참느라 애를 씁니다. '존경'이라는 단어가 그렇게 함부로 쓰여져도 될 일이던가요?

본인 입으로 본인을 존경해달라니 듣기만 해도 민망한 말입니다. 우리는 B부장처럼 정말 눈치 없는 상사는 되지 말아야겠습니다.

방관자의 자리에만 있었던 나의 행동 적어보기

성희롱에 대해서 나만 아니면 된다는 생각과 행동 적어보기

2부

성희롱 예방!
폭력에서 벗어나세요 제발!

1) 양성평등이란

'양성평등이란 남녀의 차이를 인정하되 성별로 차별하지 않음을 의미한다.'

사전에는 이렇게 양성평등에 대해서 쓰여 있습니다. 대한민국은 양성평등을 넘어 이제는 성평등의 시대가 도입되었습니다.

세계경제포럼(WEF, World Economy Forum)에서 발표한 남녀 성평등 지수가 전 세계 144개국 가운데 한국은 118위라 합니다.

이 정도 속도면 우리나라는 남녀 불평등이 없어지고 성평등이 오기까지 걸리는 시간은 약 118년이라고 합니다.

현재 우리들과 우리의 자식들이 다 죽고 난 뒤의 세대들에서나 양성평등이 정상으로 올라서게 된다는 것입니다.

지금이 21세기이니, 여성 우월주의니, 여성 대통령이니 별의별 말 다 있어도 여전히 우리는 지금 남성 우위의 나라에서 살고 있습니다.

물론 그렇다고 갑자기 집안에서 아버지가 아닌 어머니의 목소리가 더 커지고, 오빠를 이기겠다는 여동생이 있고, 남자 직원의 따귀를 쉽게 때려대는 여직원이 있다면 그것은 '방종'이 될 것입니다.

　남녀의 차이는 인정하되 인격적인 것과 사회적 위치의 공정성과 제도적 합의 등이 모두 보장되어야 진정한 양성평등의 시대가 열리게 된다고 볼 수 있습니다.

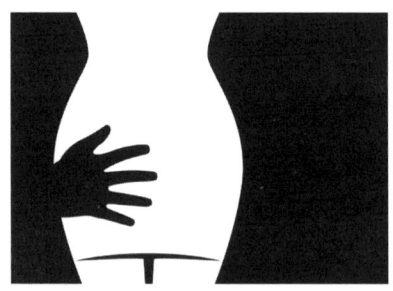

2) 함께 만드는 회사의 평등성

어떤 나무는 꽃을 피우고 다른 나무는 열매를 맺습니다. 뿐인가요?
제각각 향기로운 냄새가 다르며 가을이면 어떤 나무는 노란빛으로, 어떤 나무는 붉은빛으로, 또 어떤 나무는 색의 변화가 없으며, 어떤 나무는 다갈색으로 나뭇잎의 색이 변합니다.
그런 것들이 어우러져 아름다운 숲이 됩니다. 뻔한 말 같지만, 자연을 닮은 것이 바로 우리들 인간입니다. 남녀가 저 나무처럼 모여 아름다운 숲을 이룰 때, 우리는 진정 인생의 오묘함을 발견할 수 있는 것입니다.

성희롱사례 1

잘나가는 기업의 잘나가는 30대의 K과장은 요즘 아주 기분이 우울합니다.
이 회사에 들어 온 이후 처음 느껴보는 우울감입니다. 자신의 상사였던 부장이 해외지사로 발령이 나서 자리를 비운 뒤 다른 부서에 있던 O과장이 이쪽으로 자리를 옮겨 오며 부장으로 승진되어 오기로 한 것입니다.

O과장은 여성입니다.

K과장 자신도 여성이 자기의 상관이 된다는 사실 때문에 충격을 받은 자신을 잘 압니다.

오늘 월요일이라 평소 같으면 생기발랄하게 출근을 했을 텐데, 이번만큼은 전혀 그런 기분이 아니었죠.

몇 시간 뒤면 있을 잔인한 만남…….

O과장은 입사 동기이며 지금보다 조금 더 젊었을 때, 그러니까 K과장이 총각시절 짝사랑했던 여자입니다. 다른 부서여서 매일처럼 멀리서 바라보며 애만 태운 적이 있었는데, 어느 날 그녀가 대학 선배라는 어떤 남자와 결혼을 하는 바람에 저 혼자 쓰디쓴 술을 혼자 마신 적이 있습니다.

소문에 의하면 O부장은 아이도 낳고 잘사나 보다, 했는데 바로 자신의 직속상관이 된다니…….

어떻게 이런 잔인한 운명이 있는가 싶어 우울하고 또 우울했습니다. 게다가 같은 입사 동기인데 자신은 아직도 제자리 걸음마 같아서 화도 나고 스스로 무능한 것 같아 괴롭기도 합니다.

"반가워요, 잘 부탁드립니다. 특히, K과장님, 완전 반갑습니다."

K과장은 자신을 바라보며 정말 반가워하는 O부장을 보며 흠칫했습니다.

자아, 여러분은 위의 사례를 읽으며 무엇을 느끼셨나요?
왜 K과장은 O과장이 부장으로 승진한 것을 우울해 했을까요?
그녀가 여성이라서 그랬던 것입니다. 그것이 가장 큰 이유였어요.
한마디로 여성을 상관으로 두는 것이 싫었던 겁니다.
우리나라 남자들, 집에 가면 어떻습니까?
집에 들어서는 순간부터 그 집의 대장이죠. 아, 물론 간혹 여성이 대장인 집도 있어요. 마누라의 말에 무조건 복종하는 집이지요.
그러나 극히 일부분이죠?
대부분의 한국 남자들은 아직도 군림하면서 살지요. 집에서는 당연히 군림하는 경우가 대부분이기에 회사에 가서도 습관처럼 군림하려 듭니다. 회사에서도 모든 여직원들을 아래로 둔 채 군림하려드니, 자신의 직속상관이 여자라는 점(비록 그 상관이 자기가 한때 좋아했던 여자라 할지라도)은 남자의 자존심을 건드리기에 충분합니다.

참 못났죠.

선진국은 바로 그런 점이 우리보다 앞서 있습니다.

직속상관이 여성이든 남성이든, 나이가 적든 많든 부차적인 문제들은 아예 무시해 버리는 사람들이 선진국형이지요.

오직 실력으로 승부하는 것이죠.

우리도 선진국이 되려면 그런 기본적인 것부터 달라져야 합니다. 그런 기본적인 것이 제일 빠르게 달라질 수 있는 곳이 직장입니다. 오직 실력으로 모든 것을 남과 다르게 보여줄 수 있는 곳이 직장이니까요.

업무중심의 관계형성을 이루는 우리는 여성인가, 남성인가를 논하는 것이 먼저가 되어선 안 됩니다. 누구와 함께 서로 맞춰 가느냐가 제일 중요한 건 두말할 필요가 없고, 그것이 함께 만드는 건강한 조직입니다.

3) 성(性)

성을 왜 함부로 해선 안 되냐면, 감정이 명확하게 살아 있는 하나의 인격이기 때문입니다.

자기의 유치한 만족감에 의해 상대의 마음을 흠집을 내서는 안 됩니다.

어느 날은 햇빛이 따사로웠습니다.

그러나 어느 곳에선 따갑고 차가운 일들이 벌어지고 서로 논쟁하기에 바쁘며 언성은 높여져가곤 했습니다.

사람들은 햇빛의 따사로움을 즐기기엔 너무 삭막한 일들을 겪어가고 있었습니다. 그러나, 사람이 아름다운 이유는 타인의 말을 믿고, 타인을 신뢰하기 시작하며 타인을 결국 우리라는 공동체로 만들기 때문입니다.

그렇지만 그런 공동체의 한 존재를 눈여겨보다가 파괴하려는 성질을 가진 사람이 생깁니다.

거기서 멈춰서야 합니다.

생각도 멈춰서야 합니다.

생각이 행동이 되기 때문이니까요.

공동체에서 열심히 살아가는 존재들을 가볍게 여기며

파괴해선 안 됩니다.

무언가를 부정적인 면으로 파괴하는 자는 더 큰 파괴로 자신이 희생되기 마련입니다. 그저 훈수를 두듯이 피해자만의 입장에 서서 두둔하는 것이 아닙니다. 단지, 막아보는 것입니다.

예방해보는 것입니다.

당신이 가해자가 되어 모든 걸 잃어버리지 않도록 막아보는 것입니다.

글의 힘으로.

말의 힘으로.

피해를 받을 때 사람은 두 분류로 나뉩니다.

피해 받은 상처를 자신의 마음 안에 감싸 안거나, 또는 두려움을 감수하면서 정의에 맞서거나.

상처를 감싸 안는 것과 상처를 감수하고 용기를 내는 것이 그것이죠. 이 모두가 자신을 지키기 위한 수단이었습니다.

너무 아프면 잠시 도망쳐도 됩니다.

그러나 깊이 숨어서는 안 됩니다.

당신은 다시 세상으로 나와야 되니까요.

모든 죄는 밝혀지기 마련이고, 당신의 어둠 또한 밝혀지기 마련입니다.

성이 위대한 이유는 탄생과 관련되어 있기 때문입니다.

성을 악용한다는 것은 성의 순리를 저항하는 것이며, 모든 저항은 순리에 의해 척결되고 맙니다.

자신보다 힘이 약한 것은 단순히 세력이 약한 것이지, 나약한 것은 아닙니다. 우린 멸시받기엔, 모두 소중한 존재이니까요.

성희롱에 대해서 우리 모두가 함께해야 할 행동 적어보기

성희롱 해결책에 대한 솔직한 나의 생각 적어보기

| 나가는 말 |

우리 사회가 성에 대해 좀 더 성숙한 개념을 정립하고, 그에 대한 대처를 하는 계기가 되었으면

《아차, 성희롱》은 제목에서도 암시하듯 성희롱을 자신도 모르게 저지르는 경우가 많다는 것을 내포하고 있습니다. 〈대한민국 직장 내 성희롱예방백서〉라는 부제가 다소 거창하다고 하실지 모르지만, 성희롱이 벌어지는 장소는 전방위적입니다. 그 가운데에서 직장 내에서 이루어지는 경우가 대부분이라 할 수 있습니다.

최근 미투(me too · 나도 당했다) 운동이 확산되면서, 한 신문에 여고에서 남교사들이 여고생들에게 아예 눈조차 맞추지 않으려는 이른바 '펜스 룰'이 생겨나고 있다는 기사를 읽었습니다. 펜스 룰이란 미국 마이크 펜스 부통령이 "아내 이외 여자와는 식사하지 않는다."고 한 말을 빗대 그의 이름을 따서 아예 여성과의 자리를 삼가는 것을 뜻한다고 합니다.

여고에서의 남교사들은 "학생과 가깝게 지내려다 서로 불편해지느니 안전거리를 유지하겠다."는 것이 그 요지인데, 직장 내에서는 더더욱 심각합니다. 미투 운동 후 폭풍 펜스 롤이 진행형으로 이루어지고 있는 것이죠.

　이처럼, 우리 사회에서 성희롱에 대한 인식이 변하고 있고, 사회 전체가 건강성 회복에 각자 새롭게 대응하려는 점은 고무적인 현상이라고 생각됩니다. 하지만, 성희롱에 대해 무조건적으로 자신의 직위와 직책, 그리고 자신의 생각과 고정관념에 사로 잡혀서 건강한 사회 활동에 제약을 받는다면 이것 또한 큰 문제가 아닐 수 없다고 봅니다.

　그런 의미에서 이 책에서 언급한 여러 가지 성희롱 사례를 통해서 우리 사회가 성에 대해 좀 더 성숙한 개념을 정립하고, 그에 대한 대처를 하는 계기가 되었으면 하는 것이 저자의 소박한 바람입니다. 그러기 위해서는 '다름'과 '차이'에 대해서 다시 한 번 곰곰이 생각해보고 직장 내에서 상하 관계, 동료 관계 등은 물론 동성 간에도 서로 존중하는 마음이 필요하다고 생각합니다.

　끝으로, 부족한 책을 위해 이것저것 많은 도움을 준 분들께 감사의 말씀을 전합니다.

2018년 5월 30일
계룡시 서재에서 정지승 드림

대한민국 직장 내 성희롱예방백서

아차, 성희롱

지은이 | 정지승
펴낸이 | 황인원
펴낸곳 | 다차원북스

신고번호 | 제2017-000220호

초판 1쇄 인쇄 | 2018년 06월 15일
초판 1쇄 발행 | 2018년 06월 22일

우편번호 | 04091
주소 | 서울특별시 마포구 토정로 222(한국출판콘텐츠센터 419호)
전화 | (02)333-0471(代)
팩시밀리 | (02)334-0471
E-mail | dachawon@daum.net

ISBN | 979-11-88996-22-3 (13330)

값 · 13,000원

ⓒ 정지승, 2018, Printed in Korea

※ 잘못된 책은 구입하신 곳에서 바꾸어 드립니다.

이 도서의 국립중앙도서관 출판예정도서목록(CIP)은
서지정보유통지원시스템 홈페이지(http://seoji.nl.go.kr)와
국가자료공동목록시스템(http://www.nl.go.kr/kolisnet)에서
이용하실 수 있습니다.
(CIP제어번호: CIP2018016577)